ENTENDIENDO LOS LENGUAJES DEL AMOR

Cómo Conocer los Lenguajes del Amor más
Importantes y Entenderlos Profundamente

JAMIE CURTIS

información se realiza sin contrato y sin ningún tipo de garantía endosada.

El uso de marcas comerciales en este documento carece de consentimiento, y la publicación de la marca comercial no tiene ni el permiso ni el respaldo del propietario de la misma. Todas las marcas comerciales dentro de este libro se usan solo para fines de aclaración y pertenecen a sus propietarios, quienes no están relacionados con este documento.

Índice

Introducción

Es cierto que cada persona es un mundo, y así, la manera de demostrar y recibir amor puede ser distinta. Muchas veces, amamos de la manera en la que esperamos ser amados, en vez de detenernos y realizar dos simples pasos: poner atención a (o incluso preguntar) cómo la otra persona requiere ser amada, y comunicar lo que nosotros necesitamos para sentir el amor.

Un proceso tan simple como comunicar y poner atención al otro, puede facilitar enormemente el proceso, y un concepto completamente útil para tener éxito en esta tarea es el de los lenguajes del amor. Presentados por Gary Chapman en la década de los noventas, las diferentes acciones para demostrar amor se pueden presentar dentro de 5 categorías (lenguajes) generales: palabras de afirmación, tiempo de calidad, contacto físico, actos de servicio y recibir regalos.

La premisa es simple: cada persona maneja un "lenguaje" bajo el que expresa y requiere amor. Así, mientras algunos necesitan escuchar constantemente que son amados e importantes, hay otras personas que necesitan la atención plena de los demás, que les ayuden a resolver problemas o, simplemente, un abrazo o detalle.

Somos humanos diversos que han crecido en entornos diferentes y cuentan con diferentes experiencias, y esto es crucial para entender la diferencia entre cada lenguaje del amor: lo que para unos parece ser vital, para otros puede no tener relevancia.

Es por eso que entender el lenguaje del amor de las personas que te rodean, y ser vocal con el tuyo, puede llegar a facilitar tus relaciones. Y esto es extremadamente útil, pues admitámoslo: ¡la convivencia humana puede llegar a ser complicada!

En este libro, entenderás mejor los 5 lenguajes del amor, verás cómo aplicar cada uno (incluso dentro de contextos distintos al romántico), aprenderás a identificar el lenguaje del amor de esa persona amada y verás cómo hacer compatibles los lenguajes distintos. ¡Verás que es posible mejorar tus relaciones!

5 lenguajes

Los CINCO LENGUAJES del amor describen cinco formas en que las personas reciben y expresan amor en una relación.

Estas son palabras de afirmación, tiempo de calidad, contacto físico, actos de servicio y recibir regalos.

Conocer el lenguaje de amor de tu pareja y hacerle saber el tuyo es una manera de ayudarlos a ambos a sentirse amados y apreciados. El autor y pastor Gary Chapman describe cómo usar estos lenguajes de amor para mostrarle a tu pareja que te preocupas por ella de una manera que le habla al corazón.

. . .

El libro de Chapman, "*Los 5 lenguajes del amor*", se publicó por primera vez en 1992.

Antes de escribir el libro, Chapman comenzó a notar patrones en las parejas a las que asesoraba: se dio cuenta de que las parejas no entendían las necesidades del otro.

Eso lo llevó a idear cinco lenguajes de amor, o formas en que las personas en una relación expresan amor.

Palabras de afirmación

"Palabras de afirmación" se trata de expresar afecto a través de palabras habladas, elogios o aprecio. Cuando este es el lenguaje de amor principal de alguien, disfrutan de palabras amables y de aliento, citas edificantes, notas de amor y mensajes de texto lindos. Puedes alegrarle el día a esta persona felicitándola o señalándole lo que hace bien.

Tiempo de calidad

· · ·

Alguien con este lenguaje de amor quiere toda la atención. Se sienten amados si estás presente y enfocado/a en ellos cuando están juntos. Esto significa dejar el teléfono celular, apagar la computadora, hacer contacto visual y escuchar activamente. Las personas con este lenguaje de amor buscan calidad sobre cantidad.

Contacto físico

Una persona que tiene el contacto físico como su principal lenguaje de amor siente amor a través del afecto físico. Aparte del sexo, se sienten queridos cuando su pareja les toma la mano, les toca el brazo o les da un masaje al final del día, por ejemplo. La idea de esta persona de una cita perfecta podría incluir acurrucarse en el sofá con una copa de vino y una buena película: simplemente quieren estar cerca de su pareja físicamente.

Actos de servicio

Los actos de servicio son cosas agradables que haces por tu pareja que la hacen sentir amada y apreciada, como ayudar con los platos, hacer mandados, pasar la aspiradora o poner gasolina en el coche. Si el principal lenguaje de amor de tu pareja son los actos de servicio, notará y apreciará las pequeñas cosas que haces por ella. También tienden a realizar actos de servicio y bondad para los demás.

Recibir regalos

Para alguien que usa y responde a este lenguaje de amor, dar regalos indica amor y afecto.

Atesoran no solo el regalo en sí, sino también el tiempo y el esfuerzo que el otro puso en él, por lo que las personas que disfrutan recibir obsequios como parte de su principal lenguaje de amor no esperan necesariamente obsequios grandes o costosos; lo que cuenta es más el esfuerzo y la consideración detrás del regalo.

Cuando te tomas el tiempo de elegir un regalo específicamente para ellos, les dices que realmente los conoces. Las personas con este lenguaje del amor a menudo pueden recordar cada pequeño regalo que han recibido de sus seres queridos porque tiene un gran impacto en ellos.

. . .

Una manera fácil de identificar tu lenguaje del amor, es respondiendo a si en una relación, te sientes más amado/a cuando tu pareja:

- ¿Te dice "te amo" o elogia algo que hiciste?
- ¿Te sorprende con un regalo significativo?
- ¿Planea un viaje solo para ustedes dos?
- ¿Hace los mandados o lava la ropa?
- ¿Te toma de la mano mientras caminas?

Responder a estas preguntas podría darte una pista sobre cuál podría ser tu lenguaje de amor. También podrías tratar de recordar el tipo de cosas que pides en una relación o considerar cómo expresas amor a tu pareja.

Chapman también ofrece un cuestionario en línea de 30 preguntas para ayudarte a determinar tu lenguaje de amor dominante.

El lenguaje de amor de tu pareja podría no ser el mismo que el tuyo. Cuando las parejas tienen diferentes lenguajes primarios de amor, es probable que haya malentendidos. Sin embargo, si tu pareja aprende a hablar tu lenguaje de amor (y tú, el de ellos), es probable que se sienta amado/a, apreciado/a y, en última instancia, más feliz en la relación.

. . .

Todos expresamos y recibimos amor de manera diferente, pero aprender y comprender esas diferencias puede tener un impacto significativo en tu relación. Según Chapman, esta es una de las formas más sencillas de mejorar tus relaciones, además, existen algunas otras formas en que aprender sus respectivos lenguajes de amor podría ser beneficioso.

La primera es que los lenguajes del amor promueven el desinterés. Cuando te comprometes a aprender el lenguaje de amor de otra persona, te enfocas en sus necesidades y no en las tuyas, y esta es la premisa central de la teoría de Chapman.

Las parejas deben esforzarse por aprender el lenguaje del amor de su pareja en lugar de tratar de convencer a su pareja de que aprenda el suyo.

Idealmente, ambas personas querrán expresar amor de una manera que sea significativa para el otro. Todo el propósito de explorar sus lenguajes de amor juntos es aprender a amar a su pareja de una manera que sea significativa para ellos.

Además, los lenguajes del amor crean empatía. A medida que aprendes más sobre cómo tu pareja experimenta el amor, aprendes a empatizar con ellos. Te ayuda a salir de ti mismo/a por un momento y echar un vistazo a lo que hace que otra persona se sienta importante y amada.

Cuando las parejas se comprometen a aprender y utilizar los lenguajes del amor, aumentan su inteligencia emocional y aprenden a anteponer las necesidades de los demás a las propias. En lugar de hablar su propio lenguaje de amor a su pareja, aprenden a hablar en un idioma que su pareja entiende.

Otro beneficio es que los lenguajes del amor ayudan a mantener la intimidad. Hablar regularmente sobre lo que mantiene sus tanques de amor llenos puede generar más comprensión y, en última instancia, intimidad en su relación. No solo aprenderán más unos de otros, sino que también se conectarán de maneras más profundas y significativas, y cuando esto sucede, su relación se siente más íntima.

De igual manera, los lenguajes del amor ayudan al crecimiento personal. Centrarse en algo o alguien fuera de ti puede conducir al crecimiento personal. Amar a tu pareja de formas que están fuera de tu zona de confort te obliga a crecer y cambiar, y a mirar fuera de ti mismo/a.

• • •

Los lenguajes del amor te ayudan a compartir el amor de manera significativa, pues cuando las parejas comienzan a hablar el lenguaje del amor del otro, las cosas que hacen el uno por el otro se vuelven más intencionales y significativas.

Están diciendo "te amo" de manera que tenga sentido para sus parejas, quienes luego se sienten notadas, satisfechas y apreciadas.

Lenguajes del amor en la vida cotidiana

Según Chapman, los lenguajes del amor también se aplican a las relaciones entre padres e hijos, entre compañeros de trabajo y entre amigos. Por ejemplo, si el principal lenguaje de amor de tu hijo son las palabras de afirmación, le gustaría escuchar elogios verbales o "te amo" de vez en cuando. Es una dinámica muy individual: un compañero de trabajo puede sentirse más apreciado si usa un lenguaje de amor en lugar de otro.

Tu lenguaje de amor también puede cambiar ocasionalmente.

· · ·

Por ejemplo, si tuviste un mal día en el trabajo, quizás prefieras un abrazo de tu pareja en lugar de una palabra de aliento. La clave es comunicarse regularmente y preguntarle a tu pareja qué necesita para sentirse querida, escuchada, apreciada y amada. Entonces, pon esto en práctica.

Críticas a la teoría del lenguaje del amor

Aunque aprender los lenguajes del amor ayuda a muchas personas a comunicarse mejor con sus parejas, existen limitaciones en la teoría y en cómo las personas la aplican a sus relaciones. Por ejemplo, mucha gente hace mal uso de los lenguajes.

Algunas personas se vuelven un poco competitivas al usar lenguajes de amor, lo que en realidad puede tensar una relación. Por ejemplo, las personas pueden comenzar a realizar un seguimiento de todas las veces que usan el lenguaje de amor de su pareja y compararlo con cuántas veces su pareja usó el suyo.

Los lenguajes del amor pueden ser una forma de abrir la comunicación y la compasión, pero no debes usarlos como juegos o armas contra tu pareja. Algunas personas continúan usando su propio idioma (en lugar del de su pareja) para demostrar que les importa, y eso está bien.

Puedes estar en una relación con alguien que no comparte tu lenguaje de amor y todo se trata de ser comprensivos y abiertos. Puedes reconocer y apreciar las acciones de tu pareja incluso si no coinciden perfectamente con tu propio idioma.

Es importante saber que al incluir los cinco lenguajes del amor a tu relación, no se solucionarán otros problemas de relación: son simplemente una herramienta de muchas que puedes utilizar para mejorar la comunicación con tu pareja.

Las investigaciones muestran que las parejas que usan los lenguajes del amor del otro se sienten más felices en sus relaciones cuando también usan herramientas de autorregulación para manejar sus propias emociones. Si bien los lenguajes del amor fueron una herramienta, la responsabilidad de las parejas por sus emociones y los cambios de comportamiento contribuyeron más a su felicidad general.

. . .

Tu lenguaje de amor también puede cambiar. Es importante aceptar y esperar que los lenguajes del amor pueden cambiar con el tiempo, especialmente debido a factores estresantes de la vida o cambios importantes, como tener hijos.

Pueden generar presión sobre las personas, pues mucha gente habla de lenguajes de amor en el contexto de relaciones comprometidas o matrimonio. Recuerda que aprender y comprender tu propio lenguaje de amor es una herramienta importante para que practiques el amor propio.

Desea evitar presionar demasiado a tu pareja para que te exprese constantemente su lenguaje de amor. Un estudio encontró que el mayor obstáculo para las parejas que usaban los lenguajes de amor del otro era que el destinatario a menudo no reconocía que su pareja estaba tratando de usar su lenguaje de amor. Es crucial que el destinatario reconozca los esfuerzos de su pareja, incluso si no cumple exactamente con las expectativas.

También se ha comentado que los lenguajes del amor perpetúan la heteronormatividad. El modelo original de Chapman se centra en las parejas heterosexuales, aunque la teoría se puede aplicar a cualquier pareja, independientemente de su orientación sexual. Si estás leyendo "los 5 lenguajes del amor" y no estás en una relación heterosexual o no eres heteronormativo/a, puede ser frustrante ser excluido del texto.

La heteronormatividad es la suposición de que todas las personas son heterosexuales y que las relaciones románticas y sexuales son siempre entre un hombre y una mujer. Asume que la heterosexualidad es la orientación sexual predeterminada y que es la única forma normal o natural de expresar la sexualidad y la atracción.

Una vez que tú y tu pareja conocen el lenguaje del amor del otro, ambos pueden beneficiarse. Sin embargo, hablar el lenguaje de amor de tu pareja puede requerir un poco de esfuerzo e intención, especialmente si es diferente al tuyo.

Recuerda, las relaciones sanas no nacen; se desarrollan a través de la atención y el esfuerzo.

La buena noticia es que puedes mejorar tu relación aprendiendo el lenguaje del amor de tu pareja y poniéndolo en práctica. Y, si ambos están comprometidos a amarse el uno al otro de la manera que les hablas a ambos, se encontrarán no solo profundamente enamorados, sino también en una relación feliz y satisfactoria.

2

El boom de los lenguajes del amor

EN ESTOS DÍAS, parece como si todo fuera un lenguaje de amor. Para algunos, es café helado; para otros, es sarcasmo… o un colchón mecanizado. La representante Ayanna Pressley de Massachusetts declaró una vez que la política era su lenguaje de amor. Para Drew Barrymore, es Giphy, el motor de búsqueda de gifs.

En la tercera temporada de la popular serie "*You*", el asesino pero encantador acosador Joe Goldberg se da cuenta de que la violencia es su lenguaje de amor. Para algunos, Stanley Tucci es todo un lenguaje de amor. Ariana Grande cantó toda una canción sobre su lenguaje de amor.

· · ·

El autor del libro seminal sobre los lenguajes del amor se sorprende de que el concepto se haya convertido en un fenómeno cultural. Pero todavía quiere que las parejas presten atención a su consejo.

No siempre fue así; hubo un tiempo en que las palabras "amor" y "lenguaje" rara vez se combinaban y ciertamente no se usaban como un sustantivo independiente. Luego, hace tres décadas, Gary Chapman, el pastor bautista del sur de 50 años con un doctorado en educación de adultos, presentó el concepto al mundo con su libro seminal, "Los 5 lenguajes del amor: el secreto del amor que dura".

Las personas tienen diferentes formas de expresar y entender el amor, y para que tu pareja se sienta amada, simplemente necesitas hablar el idioma de esa persona. Como señala la introducción del libro: tu lenguaje de amor emocional y el lenguaje de su cónyuge pueden ser tan diferentes como el chino del inglés. No importa cuánto intentes expresar amor en inglés, si tu cónyuge solo entiende chino, nunca entenderán cómo amarse.

El Dr. Chapman basó los cinco lenguajes del amor en evidencia anecdótica que encontró mientras trabajaba como consejero matrimonial en su iglesia durante más de 20 años. Son palabras de afirmación (elogios verbales), tiempo de calidad (hacer algo juntos y estar concentrados en ese momento), recibir regalos (desde un ramo de flores espontáneo hasta regalos más significativos), actos de servicio (ayudar a tu pareja con las tareas del hogar o cocinar una comida) y contacto físico (tomarse de la mano, sexo y todo lo demás).

En los años transcurridos desde la publicación del libro, el término "lenguajes del amor" se ha utilizado con tal abandono que se ha desconectado de su creador. Se ha convertido en un fenómeno cultural y una abreviatura de cualquier cosa que traiga alegría a una persona.

La explosión cultural también fue inesperada para el Dr. Chapman, que al momento tenía 80 años. Tan sorprendido como todos, y sin embargo, a pesar del entusiasmo, no creía que nadie hubiera descubierto un sexto lenguaje de amor.

Para él, todos los chistes suenan como "dialectos" —o versiones— de los cinco originales. Se han visto algunos de esos, ya sabes, 'El sexto lenguaje de amor son los tacos', y un tipo dijo: 'El sexto lenguaje de amor es el chocolate'. Bueno, si lo compraron, es un regalo. Si lo lograron, es un acto de servicio. Chapman dice no ser dogmático, pero bajo su perspectiva, la mayoría de las formas de expresar el amor encajan en una de estas cinco.

. . .

Aproximadamente un año después de graduarse de Wheaton College en 1960, el Dr. Chapman se casó con Karolyn, quien, como él, creció en China Grove, NC, y asistía a la misma iglesia. Cuando se conocieron, el Dr. Chapman en realidad estaba saliendo con su mejor amiga.

En 1967, la pareja se mudó a Winston-Salem, NC, donde el Dr. Chapman se convirtió en pastor y comenzó a ofrecer clases de educación para adultos que cubrían consejos cotidianos sobre asuntos como la planificación financiera. En esos cursos, hablaba sobre el matrimonio y la familia, y las parejas que estaban luchando a menudo acudían a él en busca de consejo, dijo.

El hombre realmente piensa que le empujaron a la consejería, pues esta labor ni siquiera estaba en la descripción de su trabajo cuando se convirtió en pastor. Sin embargo, mientras ayudaba a las parejas en su vida profesional, su propio matrimonio era difícil.

Él y la Sra. Chapman tenían discusiones acaloradas sobre cosas pequeñas. La Sra. Chapman, por ejemplo, nunca cerraba los cajones ni las puertas de los armarios, lo que le molestaba. Y la Sra. Chapman esperaba que él hiciera su parte justa de las tareas de la casa, lo que el Dr. Chapman no hizo. No sabían nada sobre la resolución de conflictos.

Chapman le decía lo linda que se veía, cuánto apreciaba todo lo que hacía, y le decía, una y otra vez, 'Te amo, te amo, te amo'. Pero una noche ella le dijo: 'Sigues diciendo: 'Te amo', pero si me amas, ¿por qué no me ayudas?'

Ese fue el momento eureka: el Dr. Chapman se dio cuenta de que lo que apreciaba en una relación era recibir cumplidos (o palabras de afirmación), que dijo que había recibido de sus padres mientras crecía. Esos no le importaban tanto a su esposa; pues ella valoraba los actos de servicio.

Gran parte de su asesoramiento y sus escritos se vieron influenciados por su experiencia personal. Notó que las parejas que habían buscado su ayuda en la iglesia parecían tener el mismo problema: no sabían cómo expresar amor de una manera que la otra persona apreciara.

. . .

En uno de los ejemplos que incluyó en el libro, una mujer entró en su oficina frustrada porque su esposo se había demorado en pintar su dormitorio. El Dr. Chapman sugirió: "La próxima vez que su esposo haga algo bueno, hágale un cumplido verbal. Si saca la basura, dígale: 'Dan, quiero que sepas que realmente aprecio que hayas sacado la basura'".

Tres semanas después, ella regresó a su oficina para decirle que su plan había funcionado. El lenguaje de amor de su esposo eran palabras amables y afirmaciones positivas.

Con el tiempo, el Dr. Chapman reunió sus notas y buscó patrones. Descubrió que lo que la mayoría de la gente decía que necesitaba de sus parejas encajaba en los cinco amplios cubos sobre los que escribiría en su libro. Y en octubre de 1992 nació "Los 5 lenguajes del amor".

Ese primer año, el libro apenas causó sensación, vendiendo alrededor de 8.400 copias. Pero lentamente, más y más personas comenzaron a comprarlo. Cada año se venden más copias que el año anterior. Ahora ha vendido más de 20 millones de copias (incluidas las versiones impresas, de libros electrónicos y de audio).

· · ·

Ahora hay media docena de versiones para una variedad de audiencias, incluidos "Los 5 lenguajes del amor para los hombres", "Los 5 lenguajes del amor de los niños", "La edición militar de los 5 lenguajes del amor" e incluso "Los 5 lenguajes del aprecio en el mundo laboral."

El Dr. Chapman presenta un podcast semanal de una hora y "Conferencias matrimoniales", seminarios de un día en iglesias de los Estados Unidos, para ayudar a las parejas a comprender los conceptos básicos de los lenguajes del amor. Aproximadamente 1000 personas asistieron a su última conferencia en abril del 2022, en Winston-Salem.

Ideó un cuestionario simple de opción múltiple para ayudar a las personas a comprender sus propios lenguajes de amor y los de sus parejas; Oprah Winfrey respondió en vivo durante su aparición en "Oprah's Lifeclass" en 2013. Cuando se le preguntó si le gustaría que su pareja ayudara a limpiar la casa, la Sra. Winfrey hizo una pausa. *"Creo que limpiar la casa es el número uno, dos y tres de los juegos previos"*, le dijo a un divertido Dr. Chapman, sentado a su lado.

Después de unas pocas preguntas más, se reveló el lenguaje de amor de la Sra. Winfrey: palabras de afirmación. 'Las palabras amables, alentadoras y positivas son verdaderamente vivificantes', muy cierto; ¿Cómo supiste esto de mí? ella le preguntó, aparentemente haciéndose eco de lo que muchas parejas han pensado al tomar la prueba ellos mismos.

Entre otros terapeutas de pareja conocidos, la opinión sobre el trabajo del Dr. Chapman está dividida. Para la Dra. Julie Gottman, psicóloga clínica y cofundadora del Instituto Gottman en Seattle, el libro "presupone que las personas no tienen la capacidad de aprender diferentes formas de expresar amor".

"Las categorías son superficiales y rígidas", dijo. "La gente es mucho más flexible de lo que se cree en 'Lenguajes del amor'". La Dra. Gottman usó el contacto físico como ejemplo: si alguien se siente incómodo con la intimidad, dijo que sería importante entender por qué hace que esa persona se sienta incómoda. "Tal vez los tocaron muy poco en sus primeros años, o los tocaron demasiado", dijo. "Tal vez fueron abusados física o sexualmente".

Sin embargo, agregó, hay formas de presentar a alguien al tacto de una manera que se sienta segura, afectuosa y cálida. Aunque el contacto físico podría no haber sido el lenguaje de amor de esa persona, podría convertirse en uno.

. . .

Las personas pueden evolucionar en términos de cómo expresan y reciben amor. Los cinco idiomas no están escritos en piedra.

Otra crítica del trabajo del Dr. Chapman es que se basa completamente en observaciones anecdóticas de las parejas que acudieron a él en busca de ayuda y, hasta la fecha, la evidencia científica para respaldar su trabajo sigue siendo escasa. Y su formación académica y su doctorado son en antropología y educación de adultos, no en psicología.

Para la Dra. Orna Guralnik, la franca psicóloga estrella de la serie "*Terapia de pareja*" de *Showtime*, la falta de evidencia científica no es un factor decisivo. "Es lo que llamamos validez aparente: si no fuera útil para las personas, si no aprovechara algo importante, habría desaparecido", dijo.

Muchas de las parejas que han acudido a la Dra. Guralnik para recibir terapia han leído el libro del Dr. Chapman o tienen un conocimiento superficial de la teoría, dijo.

. . .

Pero para ella, los lenguajes del amor son un MacGuffin: un recipiente, generalmente un objeto sin importancia o aparentemente aleatorio, que se usa en la ficción para hacer avanzar la trama.

Las cinco categorías en sí mismas no son tan importantes como lo que la teoría general les indica a las personas: que "su propio estado de ánimo no es la forma en que su pareja procesa las cosas". Aunque la literatura no es sólida, algunos investigadores han comenzado a fijar su mirada en los libros del Dr. Chapman, publicando su trabajo en medios revisados por pares.

En 2006, un estudio encontró que el concepto de cinco lenguajes de amor desconectados era difícil de confirmar. En cambio, el estudio sugiere que es más probable que las personas usen los cinco idiomas, en diferentes niveles, y no solo uno u otro.

En otro estudio, publicado este año, investigadores de la Universidad de Varsovia en Polonia reclutaron a 100 parejas de entre 17 y 58 años que habían estado juntas durante al menos seis meses y les pidieron que clasificaran sus preferencias entre cinco lenguajes (en lugar de utilizar un único lenguaje de amor) y la satisfacción que le daba a su relación.

. . .

Los investigadores encontraron que las parejas que parecían hablar los lenguajes del amor del otro, es decir, las personas que preferían expresar el amor de la manera en que sus parejas preferían recibirlo, informaron tener una relación más satisfactoria.

También descubrieron que las personas no solo querían que sus parejas se comunicaran con ellas en sus propios lenguajes de amor, sino que hablar el lenguaje de amor de sus parejas te hace más feliz en la relación.

En agosto del 2021, los Chapman celebraron su 60 aniversario de boda. Fueron a cenar al mismo restaurante local en Winston-Salem al que van todos los años: un asador exclusivo, donde a menudo piden sus platos favoritos (bistec para el Dr. Chapman, salmón para la Sra. Chapman).

A los Chapman les tomó solo un par de años descubrir cómo superar sus problemas matrimoniales iniciales. Ahora, la Sra. Chapman, aunque todavía se inclina por mantener los cajones abiertos, es la editora no oficial del Dr. Chapman, lee y limpia sus manuscritos antes de enviarlos a su editor.

. . .

Ella también ayuda a mantenerlo conectado a tierra y a manejar de la mejor manera sus procesos de escritura.

Y el Dr. Chapman ha aprendido a hacer más en la casa, incluida toda la limpieza posterior a la cena, de acuerdo con su esposa.

La idea de que hay cinco "lenguajes del amor" distintos puede ser tan familiar para algunas personas hoy en día como la idea de que hay siete continentes, cuatro estaciones o tres chiflados, lo cual es una muestra bastante espectacular, en total, para un concepto que fue introducido en un libro de 1992 por un pastor bautista del sur que estaba dirigido principalmente a parejas cristianas casadas.

El autor, Gary Chapman, basó su teoría de que todos tienen un lenguaje primario de amor (es decir, una categoría de comportamientos que asocian más inmediatamente con el afecto) en sus propias observaciones como consejero.

. . .

Enumerados en el libro y ahora bien conocidos por millones, los cinco lenguajes del amor son tiempo de calidad, contacto físico, actos de servicio, dar y recibir regalos y palabras de afirmación.

Claramente, la teoría resonó: si buscaras la frase lenguaje del amor en Twitter, tal vez un miércoles por la mañana, probablemente encontrarías más de 50 tuits de la última hora que contenían la frase.

Algunas serían bromas: el brunch es mi lenguaje de amor. El bajo experimental downtempo es mi lenguaje de amor. Escuchar juntos el podcast de Dave Ramsey es mi lenguaje de amor.

La hierba, la música, el aguacate tzatziki: todos han sido citados como el lenguaje de amor autodescrito de al menos una persona. Otros tuits serían serios y de autoevaluación: Pasar el rato en el sofá con él este fin de semana me hizo muy feliz, supongo que mi lenguaje de amor es tiempo de calidad. Casi todos identificarían o explicarían también el propio lenguaje amoroso de la persona.

En otros lugares de Internet, como en el popular foro de consejos sobre relaciones de Reddit, r/relationships, el concepto de lenguajes del amor es igualmente omnipresente, aunque se lo toma un poco más en serio. Las personas que buscan consejo escriben con frecuencia con dilemas que son variaciones de un pequeño puñado de temas: "Mi pareja y yo no compartimos el mismo lenguaje de amor", "Estoy fallando en 'hablar' el lenguaje de amor de mi pareja" y " Mi compañero no habla el mío".

A lo largo de los años, la idea ha obtenido una exposición de alto perfil por parte de celebridades como la "Casamentera millonaria" Patti Stanger y se ha discutido en programas de televisión como The Real Housewives of Orange County.

Hoy en día, las personas a menudo sacan a relucir sus lenguajes de amor autoidentificados como abreviaturas para indicar cómo se comportan en las relaciones, de la misma manera casual y conveniente en que podrían referirse a su signo astrológico o tipo Myers-Briggs (o tipo Eneagrama, o casa de Hogwarts).

En una historia reciente de Vice sobre cómo la teoría de los lenguajes del amor se hizo tan popular, por ejemplo, la autora usó la terminología del zodíaco para hablar sobre su lenguaje del amor, identificándose a sí misma como "un 'acto de servicio', con 'palabras de afirmación' que se elevan".

Esta forma egoísta de discutir los lenguajes del amor es muy diferente de lo que parece haber pretendido el inventor del concepto. A medida que la idea se arraigó cada vez más en la conciencia popular (y se desconectó cada vez más del texto que la introdujo), la insistencia constante de Chapman en aprender los lenguajes del amor de otras personas y modificar el propio comportamiento en consecuencia ha perdido énfasis.

En su lugar, ha surgido la noción de que el objetivo de conocer tu lenguaje de amor es encontrar una pareja con el mismo, o pedir que otros aprendan a "hablarlo".

Y como resultado, al menos según algunos investigadores, el valor real de los lenguajes del amor como herramienta de relación puede estar perdiéndose en un juego de teléfono cultural a gran escala.

En 1992, Moody Publishers tenía "grandes esperanzas" en el lanzamiento de The Five Love Languages de Gary Chapman. Chapman, pastor de la Iglesia Bautista Calvary en Winston-Salem, Carolina del Norte, había estado asesorando a parejas durante años y recientemente había estado enseñando la teoría de los lenguajes del amor en seminarios llenos de esposos y esposas. Ahora estaba poniendo sus ideas en forma impresa.

Moody encargó unas 8.000 copias de Los cinco lenguajes del amor en su primera tirada, según Janis Todd, gerente de publicidad de la editorial que ha estado trabajando con el libro de Chapman durante 20 años. Disfrutó de ventas sólidas durante algunos años, y luego, en algún momento alrededor de 1999 o 2000, "la trayectoria de las ventas comenzó a ir casi directamente hacia arriba".

El libro, un éxito de ventas del New York Times desde hace mucho tiempo, ahora ha vendido más de 12 millones de copias y se ha impreso en 50 idiomas.

The Five Love Languages de Chapman también generó cinco ediciones especiales (para padres de niños pequeños, padres de adolescentes, solteros, hombres y miembros del ejército), una aplicación llamada Love Nudge para parejas y un popular sitio web lanzado en 2010, donde más de 30 millones de personas han realizado un cuestionario diseñado para ayudar a las personas a identificar sus propios lenguajes de amor.

· · ·

Todd es muy consciente de que la idea de que hay cinco lenguajes de amor y todos tienen uno principal ha eclipsado en popularidad al libro que lo presentó. "La gente está usando la fraseología de 'lenguajes del amor' y ni siquiera se dan cuenta de que proviene de este libro". En este punto, agregó, "tiene una especie de vida propia".

De hecho, como señaló el artículo de Vice, algunos terapeutas incluso imparten la idea de los lenguajes del amor a sus clientes de terapia de pareja sin haber leído el libro: una terapeuta le dijo a la autora que sabía lo suficiente como para saber que era "un vehículo para que las personas se comunicaran sobre ti mismo a otra persona. Es una forma de pedir lo que necesitas."

Pero las personas que se familiarizan con el concepto sin leer el libro a menudo piensan que las personas simplemente deberían expresar el amor de la manera que les parezca natural y luego explicarles a sus parejas que ese es su lenguaje de amor, o que el punto es conocer tu propio lenguaje de amor con el único propósito de decirle a tu pareja lo que quieres.

Ciertamente, es bueno conocer tu propio lenguaje de amor, y es saludable comunicarle a tu pareja lo que te hace sentir apreciado/a y lo que no hace mucho por ti.

Pero de acuerdo con el consejo de Chapman, no termina ahí, sino que comienza ahí.

Si te sientas y lees el libro de Chapman, está claro que el lenguaje del amor en el que debes pensar no es el tuyo, sino el de tu pareja. El primer capítulo concluye insistiendo en que el camino hacia una relación más satisfactoria es adaptar tus propias expresiones de amor a lo que hace que tu pareja se sienta amada: "No podemos confiar en nuestra lengua materna si nuestro cónyuge no la entiende… Si queremos que sientan el amor que estamos tratando de comunicar, debemos expresarlo en su lenguaje principal de amor".

Luego, Chapman dedica cinco capítulos a identificar cada uno de los lenguajes del amor en una pareja, solo uno a identificar tu propio lenguaje de amor y la mayor parte de los seis capítulos, esencialmente el resto del libro, a estrategias específicas para adaptar tu comportamiento al lenguaje del amor de tu pareja.

En otras palabras, lo que a menudo se pierde en el discurso es que Los cinco lenguajes del amor fomenta la atención y la autorregulación del comportamiento por encima de todo.

. . .

Lo cual, si le preguntas a algunos investigadores de relaciones, es una pena, porque esa es la parte más prometedora.

Cuando el concepto de los lenguajes del amor entró en el léxico cultural, pronto atrajo el interés de un puñado de investigadores de relaciones y matrimonio que querían probar las afirmaciones de Chapman como hipótesis científicas. Sus hallazgos han sido mixtos, pero algunos investigadores han encontrado que vale la pena su fórmula de atención más el cambio de comportamiento.

Un estudio determinó, por ejemplo, que era probable que el consejo de Chapman produjera ciertos comportamientos establecidos de "mantenimiento relacional" que la investigación había relacionado previamente con tasas más altas de amor, satisfacción, compromiso y equidad en las relaciones.

Entonces, en teoría, ciertamente era posible que una pareja que aplicara los principios de Los cinco lenguajes del amor a su vida cotidiana pudiera terminar con niveles más altos de satisfacción en la relación.

. . .

Otro estudio encontró que la alineación del lenguaje del amor (o dos mitades de una pareja que se identifican con el mismo lenguaje del amor) era un predictor algo débil de la satisfacción de la relación, especialmente cuando se compara con la autorregulación del comportamiento de acuerdo con los deseos y necesidades de la pareja.

Julie Gottman, quien cofundó el Instituto Gottman para la investigación y la terapia del matrimonio y las relaciones con su esposo, el investigador del amor y las relaciones John Gottman, en 1996, comenzó a recibir preguntas sobre la idea de los lenguajes del amor hace aproximadamente una década. A menudo, las preguntas procedían de los asistentes a los talleres para parejas que ella organizaba con su esposo.

Por lo general, se trataba de si respaldaban la filosofía de Chapman y provenían de parejas a las que les habían resultado útiles los consejos. En talleres como ese, uno no quiere invalidar el gusto de alguien por una teoría en particular.

Al igual que otros investigadores en su campo, Gottman alberga algunas dudas sobre la noción de lenguajes del amor. Por un lado, no está tan segura de la idea de que todo el mundo tiene un lenguaje primario de afecto; más bien, dice, las expresiones de afecto pueden variar en significado según el contexto.

En algunas situaciones, un acto de servicio o una palabra de afirmación serán especialmente significativos para las personas, incluso si no creen que su lenguaje de amor sea ninguna de esas cosas, por ejemplo, y las personas con "regalos" pueden encontrar momentos en los que un gesto bien intencionado se siente inadecuado.

Identificar un lenguaje primario de amor también puede tener un efecto de encasillamiento. Las parejas pueden comenzar a expresar afecto de una sola manera, independientemente del contexto, o reconocer solo un tipo de acto como un acto de amor. Además, algunos elementos de una relación que se enmarcan como "lenguajes del amor" en la teoría de Chapman deben considerarse ingredientes necesarios en cualquier relación saludable, como el tiempo de calidad.

Y cuando las parejas usan el concepto de los lenguajes del amor solo como una forma de hablar sobre cómo ellos mismos expresan afecto instintivamente o qué los hace sentir amados personalmente, la idea puede causar problemas en las relaciones.

· · ·

Algunos sobrevivientes de traumas de combate o abuso sexual, o algunas personas con trastornos del espectro autista, por ejemplo, no responderán bien a las parejas que insisten en el contacto físico como la forma en que quieren dar y recibir afecto.

"Ocasionalmente, me he encontrado con un investigador que no está de acuerdo con mis hallazgos, y estoy de acuerdo con eso. Doy la bienvenida a los resultados que descubren en su propia investigación", dijo Chapman. Agregó que le gusta aprender sobre otros modelos y tamaños de muestra de los investigadores y aprender cómo llegaron a la conclusión de que la teoría de los lenguajes del amor no se aplica.

Sin embargo, tomando en cuenta la investigación que vinculaba la pieza de autorregulación de la idea original de los lenguajes del amor de Chapman con mejoras reales en la satisfacción de la relación, podemos hacer una pregunta básica: ¿Es de extrañar que prestar atención a las necesidades y deseos de una pareja y actuar en consecuencia resulte en una mejor relación?

En más de dos décadas de trabajo conjunto, Julie y John Gottman han desarrollado su propio modelo para construir relaciones exitosas. Llamada Teoría de la Casa de la Relación del Sonido, el modelo de los Gottman imagina una casa con siete niveles, y el nivel base de la casa, los cimientos, por así decirlo, está etiquetado en el diagrama de los Gottman como "Construir mapas de amor".

Para construir un mapa de amor de cualquier pareja en particular, hay que preguntarse: "¿Qué tan bien conoces el mundo interno de tu pareja?

¿Qué tan bien sabes cuáles son sus necesidades? Sus valores, sus preferencias, sus experiencias de infancia, su historia y otras relaciones…, ¿cuáles son sus tensiones actuales? ¿Cuáles son sus esperanzas y aspiraciones? ¿Qué tan bien conoces a la persona con la que te relacionas? ¿Qué tan bien la conoces realmente, hasta el final?

Si hay algún lugar para el concepto de los lenguajes del amor dentro de la teoría de los Gottman, está aquí: en el nivel básico, se trata de "saber quién es esta persona y conocerla muy bien". Aprender el lenguaje de amor de tu pareja, es decir, prestar atención a los gestos de afecto que aprecian y responder en consecuencia, podría ser una pequeña parte de eso.

Solo después de que se sientan los cimientos, las parejas pueden pasar a construir los siguientes seis niveles de la casa, que incluyen cosas como desarrollar el hábito de afirmar las ofertas de tu pareja para su atención y aprender a manejar conflictos de manera efectiva.

. . .

Entonces, el valor real de la teoría de los lenguajes del amor parece ser que, cuando se aplica como aconsejó Chapman, alienta a las personas a simplemente estar más atentas a sus parejas: a hacer preguntas sobre cómo les gusta que las traten, a expresar conscientemente afecto y apoyo, para verificar qué, como le gusta decir a Chapman, "hace que su tanque de amor se sienta lleno".

Tal vez lo que la gente malinterpreta sobre la teoría de los lenguajes del amor es similar a lo que a menudo malinterpretan sobre el amor en sí mismo: considerar primero las necesidades y los deseos de la otra persona y luego ajustar su propio comportamiento, y no esperar que funcione al revés, es lo que hace que todo funcione.

3

Palabras de afirmación

Las acciones hablan más que las palabras, a menos que, por supuesto, el lenguaje de amor de tu pareja sea las "palabras de afirmación". En este caso, las palabras lo son todo.

Ya sean escritas o habladas, una persona cuyo principal lenguaje de amor son las palabras de afirmación le dará mucha importancia a lo que tienes que decirle.

Tus palabras les dirán mucho, incluso cuando quieras que dejen pasar las cosas. De hecho, no es raro que frases sencillas como "estoy agradecido/a por..." y "me encanta cómo..." comunican en gran medida cuánto se les aprecia.

. . .

Tu pareja apreciará especialmente los elogios, los sinceros agradecimientos, las notas escritas a mano y escuchar lo que significa para los demás. El objetivo es hacerle saber a tu pareja cuánto significa para ti y cuánto te importa.

Cuando se trata de los cinco lenguajes del amor de Gary Chapman, las palabras de afirmación son el lenguaje de amor más común, superando el tiempo de calidad y los actos de servicio. También es el único lenguaje de amor que gira en torno a la expresión verbal.

Las palabras de afirmación son palabras que comunican tu amor, aprecio y respeto por otra persona. Son palabras y frases positivas que se usan para animar a alguien. Además, estos cumplidos y palabras de aliento no tienen por qué ser dichas directamente a la persona. Una simple nota escrita a mano es tan apreciada como una llamada telefónica personal.

Las personas que dan y reciben amor a través de palabras de afirmación tienden a ser personas que notan y se preocupan por los detalles de la vida de otras personas. Por ejemplo, pueden ser los primeros en notar el nuevo corte de pelo de su pareja, o que recuerdan preguntarle al vecino cómo está su perro enfermo. Incluso pueden recordar preguntarle al cajero del supermercado local si se sienten mejor.

Aquellos cuyo principal lenguaje de amor son las palabras de afirmación suelen ser sensibles y conscientes de su entorno. Son los animadores que saben exactamente qué decir para hacer que los demás se sientan mejor. Y esperan que tú puedas hacer lo mismo por ellos.

Aquí hay algunos ejemplos de palabras de afirmación:

- "Todo es mejor cuando estás aquí".
- "Te agradezco cuando tú..."
- "No podría hacer esto sin ti".
- "Realmente me encanta el nuevo atuendo. ¡Te queda genial!"
- "Tengo tanta suerte de estar contigo".
- "Estoy tan agradecido/a de tenerte en mi vida".
- "Me impresionó cuando tú..."
- "Gracias por..."
- "Estás haciendo un gran trabajo. Estoy muy orgulloso/a de ti".
- "Eres una de mis personas favoritas para estar cerca".
- "Eres muy especial para mí."

- "Eres el/la mejor."
- "Tu apoyo significa mucho para mí."
- "¡Eres una inspiración!"

Las palabras de afirmación también pueden ser importantes en otro tipo de relaciones interpersonales.

Por ejemplo, puedes usar diferentes tipos de afirmaciones positivas para mostrar amabilidad y gratitud hacia tus familiares, amigos, jefe o compañeros de trabajo.

¿Son efectivas las palabras de afirmación? Para una persona que tiende a darle mucha importancia a lo que dice su pareja, escuchar palabras de afirmación puede ayudarla a sentirse valorada, satisfecha y más feliz en una relación.

Al usar palabras de afirmación en tu relación, estás fortaleciendo la comunicación entre tú y tu pareja. Le estás mostrando a tu pareja que la notas y la aprecias. Cuando tu pareja se siente apreciada, es probable que experimente una satisfacción más profunda consigo misma y con la relación.

. . .

Ofrecer palabras de afirmación puede ayudar a fomentar la intimidad emocional, que juega un papel crucial en las relaciones. Recibir palabras de afirmación puede ayudar a alguien a sentir un mayor sentido de autoestima y motivación también.

Si notas que tu pareja está haciendo un esfuerzo adicional en un proyecto especial o en su apariencia, puedes ofrecerle una palabra de aliento o algún elogio. Es probable que sientan un impulso en el espíritu y te aprecien por notarlo.

Ofrecerle a tu pareja una palabra de aliento también puede tener un impacto positivo en ti. Los estudios relacionan los cumplidos con una mayor sensación de bienestar. Las palabras de afirmación pueden ser una forma efectiva de mejorar la comunicación, expresar aprecio, una intimidad profunda y aumentar la autoestima.

Cómo pedir más palabras de afirmación

Si tu lenguaje de amor son las palabras de afirmación, seguro tienes una sensación increíble cuando tu pareja te entrega un mensaje positivo o amoroso. Tal vez te preguntes cómo lograr que usen tu lenguaje de amor con más frecuencia.

Cuando tu pareja ofrezca palabras de afirmación, hazle saber que sus palabras te hacen sentir bien. Trata de decir "me encanta cuando me dices el gran trabajo que estoy haciendo" o "me hace sentir muy bien escucharte decir eso".

Cuando respondes con gratitud, es probable que tu pareja se anime a seguir ofreciéndote palabras de afirmación.

Incluso podrías presentarle a tu pareja los lenguajes del amor si aún no están familiarizados. Tal vez tú y tu pareja se sienten a discutir el idioma preferido del otro.

Pueden hacer que aprender sobre los lenguajes del amor sea una forma divertida e íntima de iniciar una conversación sobre lo que se siente bien para ambos.

También es útil familiarizarse con el lenguaje de amor de tu pareja, especialmente si es diferente al tuyo. Es posible que no siempre entreguen palabras de afirmación cuando tú quieras, pero está bien. Intenta notar y apreciar si te ofrece otra señal de su amor (tal vez en su propio lenguaje de amor).

. . .

Consejos para usar palabras de afirmación

Una nota dulce en medio del mostrador de la cocina; un post-it colocado en medio del espejo; o un verso de un poema favorito guardado en una maleta: estos ejemplos son solo algunas de las muchas opciones diferentes que pueden hablarle a una persona cuyo lenguaje principal de amor son las palabras de afirmación.

Si el principal lenguaje de amor de tu pareja son las palabras de afirmación, deberás encontrar formas de comunicar cuánto significan para ti. Aquí hay algunos consejos sobre cómo hablar este lenguaje de amor a tu pareja.

1. Sé auténtico/a

Las personas que tienen palabras de afirmación como su principal lenguaje de amor tienen olfato para los falsos tópicos, así que asegúrate de ser auténtico/a cuando hables con ellos. Debes estar seguro/a de que lo que les dices viene del corazón, porque si estás inventando cosas, podrán darse cuenta.

. . .

2. Sé empático/a

Cuando se trata de palabras de afirmación, es crucial que tu pareja se dé cuenta de que tú reconoces cómo se sienten, especialmente si se sienten deprimidos. Muestra empatía por tu pareja. Piensa en cómo sería caminar en sus zapatos y luego demuestra que sabes cómo se siente.

3. Muestra tu aprecio

Por lo general, las personas que se sienten realizadas con palabras y comentarios positivos prosperarán cuando las personas reconozcan y aprecien lo que hacen. Ya sea cómo lavan la ropa, la comida que prepararon para la cena o el hecho de que pasaron tres horas revisando su informe, la clave es decirles en términos claros cuánto los aprecian.

Si eres específico/a acerca de lo que realmente te gustó o cómo fue que te ayudaron, calentarás su corazón y llenarás su tanque. Entonces, no te detengas.

4. Di 'te amo'

Las personas cuyo principal lenguaje de amor son las palabras de afirmación nunca se cansan de escuchar "te amo" de las personas que les importan. Si bien es común sentir que la frase se usa en exceso, una persona con palabras de afirmación nunca se cansará de escucharte decirlas, especialmente cuando encuentres formas nuevas y creativas de comunicar tu amor.

5. Envíales una carta

Si bien el correo electrónico es una excelente manera de comunicarte cuando tienes prisa, hay algo especial en recibir una carta de amor por correo. Entonces, toma lápiz y papel y comienza a escribir. Tu pareja se sorprenderá mucho al recibir la carta tuya. Si una carta parece abrumadora, cómprale una linda tarjeta y escribe una linda nota adentro.

6. Deja una nota

A veces, la mejor y más eficiente forma de comunicar cuánto amas a tu pareja es usar una nota adhesiva y dejarle un pequeño mensaje sobre cuánto significa para ti. Si quieres ser realmente creativo/a, puedes colocar una serie de notas en forma de corazón u otra figura en el espejo del baño o en la ventana de su automóvil.

7. Dales un saludo

Asegúrate de elogiar tus palabras de afirmación frente a otras personas. Diles lo que te enorgullece y lo que realmente aprecias.

No exageres y avergüences a tu pareja, pero decirles a los demás lo increíble que crees que es tu pareja tocará su corazón de muchas maneras. Así que no seas tacaño/a con los cumplidos. Esta es una gran manera de llenar el tanque de amor de tu pareja.

8. Señala sus fortalezas

Señalar las fortalezas de tu pareja es especialmente importante cuando se sienta deprimida o desanimada.

Darles una charla de ánimo y señalar lo que realmente te gusta de ellos o lo que hacen bien dice mucho. Necesitan saber que ves valor en quienes son.

9. Repíteles

Cuando tu pareja está pasando por un momento difícil, puede ser útil para ti marcar las palabras amables. Sé más amable y amoroso/a mientras le recuerdas a tu pareja por qué es importante y qué significa para ti. En todo momento, es útil ofrecer palabras de aliento. Estos pasos les muestran que estás ahí para ellos incluso en los momentos difíciles de su vida.

Cuando utilices palabras de afirmación, concéntrate en ser auténtico/a, agradecido/a y empático/a.

. . .

Hazle saber a tu pareja cuánto te importa y no tengas miedo de poner tus sentimientos por escrito, ya sea una carta, una nota o una publicación en las redes sociales.

Incluso si no eres una persona de palabras de afirmación, es una buena idea hacer de las palabras de afirmación un hábito diario. Si bien puede que no sea algo natural, hay cosas que puedes hacer para que ofrecer palabras de afirmación se convierta en un hábito.

Prueba con apodos cariñosos: tal vez puedas comenzar cada conversación con el apodo que tienes de cariño con tu pareja. Por ejemplo, podrías decir "buenos días, precioso/a" o "¿Cómo estás, dulzura?". Estos términos de cariño pueden sonar cursis, pero para una persona de palabras de afirmación, pueden ser especiales.

Sé tú mismo/a: trata de no presionarte demasiado ni decir cosas que no sientes. Solo date permiso para ser tú mismo/a y compartir lo que aprecias de tu pareja.

Ofrece aliento: las palabras de afirmación no tienen que ser solo expresiones de gratitud o cumplidos, también pueden enfocarse en palabras que animen a tu pareja. Cuando expresen interés en algo o compartan una de sus metas contigo, hazles saber que crees en ellos y los apoyas.

Si te resulta difícil compartir palabras de afirmación, escucha las palabras de afirmación de los demás y mantén una lista de ellas. Este ejercicio te ayudará a construir un banco de palabras amables que puedes compartir con tu pareja. Este ejercicio es especialmente útil para las personas que sienten que no tienen un vocabulario lo suficientemente amplio como para pensar en algo nuevo y creativo cada vez.

Debido a que las personas con este lenguaje del amor encuentran que las palabras son extremadamente poderosas, también son muy sensibles a los comentarios negativos y las críticas. De hecho, una palabra dura puede hacer que las personas en palabras de afirmación se tambaleen.

Por esta razón, las personas cuyo principal lenguaje de amor son las palabras de afirmación a menudo se sienten extremadamente heridas y lastimadas por el engaño, el narcisismo y el abuso emocional. Las palabras negativas, las acusaciones y las críticas son como dagas en su corazón.

· · ·

Aquí hay algunas otras cosas que debes evitar hacer si el principal lenguaje de amor de tu pareja son las palabras de afirmación:

- No asumas que hay una cita perfecta para cada una de las situaciones de la vida.
- No seas malo/a o hiriente con tus palabras; las toman en serio.
- No seas demasiado crítico/a o condescendiente; interpretan esto como decirles que son tontos o estúpidos.
- No te burles de ellos ni los molestes con demasiada intensidad; son sensibles.
- No trates de manipularlos con palabras o golpes bajos.
- No intentes tomar atajos para expresarles amor; pueden saber cuándo estás fingiendo.
- No retengas las palabras amables como castigo.

Ser amado/a y apreciado/a de una manera que entiendas es importante en cualquier relación. A las personas cuyo lenguaje de amor son las palabras de afirmación les gusta saber que las amas, las aprecias y estarás ahí para ellas.

· · ·

Si bien los lenguajes del amor pueden ser una herramienta útil para las relaciones, está bien si tú y tu pareja buscan apoyo adicional, especialmente si no se sienten amados o apreciados. Podrían considerar asistir a un asesoramiento sobre relaciones para fortalecer el vínculo que tienen entre sí.

$$\frac{\quad\quad\quad\quad\quad\quad\quad\quad\quad\quad}{}$$

4

Tiempo de calidad

A ESTAS ALTURAS, probablemente al menos hayas escuchado el término "lenguajes del amor" en referencia a las citas.

Porque cuando se trata de relaciones, la frase es bastante esencial para construir lazos duraderos con amigos, familiares y otras personas importantes.

En pocas palabras, los lenguajes del amor son formas en que las personas se comunican con las personas a las que cuidan.

. . .

Pueden enseñarte cómo amar mejor a tu pareja y son un resumen de las formas de mostrarle amor y afecto a tu pareja de una manera en que puedan recibirlo.

El primer paso, por supuesto, es aprender realmente cuáles son los lenguajes de amor de tú y tu pareja. El segundo paso es aprender más sobre tu lenguaje de amor específico.

Y si después de la prueba descubriste que el tiempo de calidad ocupa un lugar destacado para ti o para alguien a quien amas, estás en el lugar correcto.

Como sugiere el nombre, este lenguaje de amor significa que anhelas pasar tiempo fructífero y atento con las personas más cercanas a ti. La clave aquí es que no solo están sentados uno al lado del otro mirando sus teléfonos, sino que en realidad están interactuando activamente entre sí.

Tiempo de calidad es prestar toda tu atención a tu pareja. En el mundo de hoy, estamos conectados a todo menos quizás a nuestros compañeros de vida, por lo que en este lenguaje es sumamente importante valorar el tiempo juntos.

. . .

Es así que las personas con este lenguaje de amor valoran mucho estar en el mismo espacio, física, emocional y mentalmente, con las personas que aman, dentro de una dinámica de atención y presencia plena.

Si crees que esto suena un poco pegajoso o negativo, en realidad necesitas una nueva perspectiva. Todos los profesionales están de acuerdo: el tiempo de calidad no es en absoluto un mal lenguaje de amor; de hecho, ninguno de ellos lo es. Ninguno de los lenguajes del amor insinúa que estás necesitado.

Todos nosotros deseamos alguna forma de sentirnos especiales y amados. Anhelar el tiempo de calidad significa que aprecias la simplicidad de la interacción humana. Deseas sentirte visto/a y comprendido/a.

El tiempo de calidad como lenguaje de amor a veces puede parecer complicado de precisar, ya que la mayoría de las personas anhelan pasar tiempo juntos hasta cierto punto. El factor principal aquí es que encuentras que el tiempo de calidad es la mayor fuente de validación en tus conexiones.

. . .

Te sientes más amado/a cuando tú y tus seres queridos pasan tiempo juntos sin interrupciones. Puedes disfrutar de un compromiso de calidad, contacto visual y comunicación recíproca. Aprecias cualquier momento en que los dos puedan tener una experiencia compartida.

Una vez más, la parte difícil es que muchos de nosotros disfrutamos pasando tiempo de calidad con nuestra gente hasta cierto punto.

Sin embargo, las personas con este lenguaje de amor suelen hacer todo lo posible para que esto suceda.

Las personas que pasan tiempo de calidad a menudo se esfuerzan por establecer planes juntos para priorizar el tiempo que pasan con su pareja. Algunas otras señales a tener en cuenta son el sentirte especialmente herido/a sí tus seres queridos parecen distraídos cuando hablas con ellos, sentirte solo/a si no pasas suficiente tiempo con tu pareja o sentirte especialmente molesto/a si sus actividades o tiempo juntos se cancelan o posponen.

Cuando se trata de lenguajes de amor, el tiempo de calidad puede parecer obvio, pero en realidad puede llevar un poco de práctica dominarlo, especialmente porque lo que se considera tiempo de calidad depende de la persona. Para algunas personas, podría significar tiempo individual programado mientras que, para otros, podría significar simplemente estar en presencia de los demás.

Aquí hay algunas ideas de tiempo de calidad sugeridas por expertos para considerar cuando se trata de hacer que tu persona se sienta amada:

- Mirar activamente un programa o una película juntos sin sus teléfonos
- Comenzar una nueva serie de televisión juntos
- Leer un libro en voz alta
- Cocinar juntos
- Ir juntos al parque para perros
- Salir a caminar alrededor de la cuadra
- Comer fuera sin sus teléfonos
- Tomar café juntos
- Ir de compras
- Voluntariado juntos
- Escuchar activamente y responder a sus historias
- Bajar los dispositivos cuando te están hablando
- Tener una conversación estimulante
- Hacer un proyecto de casa juntos
- Planificar una escapada o vacaciones

- Ir de vacaciones o de viaje
- Hacer ejercicio o caminar juntos
- Elegir un nuevo pasatiempo en pareja
- Discutir y planificar sus metas juntos
- Programar noches de citas semanales
- Relajarse juntos, como en la bañera o en la playa
- Actividades de temporada como tallado de calabazas, patinaje sobre hielo o decoración de árboles.

Como puedes ver, hay muchas maneras diferentes de pasar tiempo de calidad con alguien. Pero debido a que las preferencias pueden variar, se aconseja pedirle a tu pareja que comparta 10 cosas que realmente quiere hacer y luego hacerlas todas con ellos.

Cualesquiera que sean las actividades, el objetivo aquí es participar activamente.

Simplemente brindarle a tu pareja toda tu atención, contacto visual y usar la escucha activa también son excelentes maneras de pasar tiempo de calidad juntos.

¿Y qué pasa si el tiempo de calidad es tu lenguaje de amor, pero estás en una relación a larga distancia? Antes de que entres en pánico sobre cómo pasar tiempo de calidad juntos si estás en una relación a distancia, debes saber que hay muchas maneras de estar juntos estando separados.

Piensa en citas virtuales para almorzar, registros de video, un ritual matutino a través de Skype. Apóyate en todo lo que aprendiste durante el encierro y aplícalo a esas relaciones de larga distancia que anhelan el tiempo. Porque si bien es absolutamente posible, también requiere algo de trabajo.

Uno de los comunicadores más fuertes del amor es el tiempo, por lo que es esencial descubrir cómo usar tu tiempo de una manera que haga que tu pareja se sienta muy pegajosa. Practica la escucha activa sin interrumpirle u ofrecer consejos no solicitados, guarda tu teléfono y esfuérzate por brindarles toda tu atención para comenzar.

Y honestamente, no importa tu lenguaje de amor, esto te ayudará en cada relación que tengas.

Sin embargo, esto es lo que debes tener en cuenta en general si el lenguaje de amor de tu pareja es tiempo de calidad:

En primer lugar, si el tiempo de calidad no es tu principal lenguaje de amor, puede parecer un poco extraño hacer todo lo posible para planificar algo tan simple como pasar el rato juntos. Pero teniendo en cuenta lo conectados que estamos todos, es algo de lo que carecen muchas parejas. Podemos estar sentados junto a nuestra pareja durante horas, pero en realidad no estamos con ellos.

Para que esto suceda, debes priorizar tu relación. Un calendario compartido y noches de citas semanales o mensuales centradas en la planificación de actividades futuras son buenas maneras de estar al tanto de las cosas y asegurarte de no perder tiempo de calidad. Y cuando el tiempo de calidad esté sucediendo, guarda tu teléfono y usa tu lenguaje corporal para mostrar que estás presente.

Si el tiempo de calidad es tu lenguaje de amor debes informar a tu pareja lo antes posible. Dado que las parejas a menudo tienen diferentes lenguajes de amor, si tu pareja no sabe cuánto valoras el tiempo de calidad, es posible que no haga tanto esfuerzo en cuanto a la planificación de citas nocturnas.

Y aunque no hay nada de malo en querer la atención de tu pareja, es importante estar consciente de cuándo es apropiado pedirla y cuándo no. Reservar tiempo para los demás puede ayudar a aliviar la presión de hacer que cada actividad sea un momento de calidad.

Como con la mayoría de las cosas en cuanto a las relaciones, se trata de equilibrio, comunicación y respeto. Dado que la gente del tiempo de calidad se trata más de experiencias que de regalos envueltos, es posible que estés un poco perdido/a cuando se acerque una fecha especial. Pero cualquier forma en que puedas pasar tiempo con tu ser querido contará como un gran regalo.

Antes de que pienses que eso significa que puedes encender Netflix y dejar que cuente como su regalo de cumpleaños, piensa más en entradas para conciertos o películas, una cita nocturna planificada en un restaurante elegante, un masaje en pareja, o unas vacaciones o escapada romántica.

Tampoco tienes que gastar una tonelada o incluso planear salir de casa para un regalo de calidad, especialmente si quieres algo que puedan desenvolver y disfrutar en ese mismo momento. Haz una cita nocturna con un libro de masajes y aceites íntimos, pide una *Modern Love Box* o prepara una linda cena en casa con sus golosinas favoritas e iluminación ambiental.

· · ·

Básicamente, a la gente que valora el tiempo de calidad, le encantan los regalos de tiempo de calidad en el futuro, así que apóyate en esa idea cuando hagas compras para las fiestas, los cumpleaños y las ocasiones especiales.

Lo interesante de los lenguajes del amor es que no tienes que tener el mismo que tu pareja para que las cosas funcionen. Todo se reduce a la comunicación y la comprensión de cómo prefieres dar y recibir amor.

Dado que la mayoría de las personas dan amor como les gusta recibirlo de forma predeterminada, conocer el lenguaje de amor de su pareja es un momento de calidad que puede ayudarles a darse cuenta de que cuando planean una fecha especial o trabajan para sincronizar sus horarios, son ellos los que muestran su amor.

Puedes invertir igualmente en practicar los lenguajes de amor del otro con la mayor regularidad posible, incluso si no es natural al principio. Y todos los profesionales están de acuerdo en que comunicar tus deseos, necesidades y límites puede ayudarte a encontrar un equilibrio y compromiso que funcione para ambos.

. . .

En última instancia, no importa si hablan naturalmente los lenguajes de amor del otro. El amor es una decisión.

Has elegido amarlos, así que busca amarlos de la manera en que ellos desean ser amados. Haz eso y una vida de masajes para parejas, tiempo de calidad y felices para siempre definitivamente está en tu futuro.

5

Contacto físico

Monstruo de los abrazos. Maníaco del beso. Amante de los rasguños en la espalda. Si alguna vez te han apodado (o resuenas con) alguno de estos apodos, lo más probable es que necesites mucha piel con piel para sentirte especial. ¿Es verdad para ti? Bueno, el contacto físico podría ser tu lenguaje de amor.

Si alguna vez has caído en un quiz en línea, probablemente estés familiarizado/a con el concepto del contacto físico y los diversos lenguajes del amor. Si bien el texto de Chapman tiene más de tres décadas, el marco todavía tiene utilidad en la actualidad. Todavía puede servir como una guía útil para comprender el arte de saber cómo tú y tu pareja se sienten amados y apreciados.

· · ·

Cada uno de los lenguajes del amor es más o menos lo que parece.

A las personas cuyo lenguaje de amor son las palabras de afirmación, por ejemplo, les gusta escuchar una palabra amable o un elogio. Mientras que las personas cuyo lenguaje de amor es el tiempo de calidad requieren una cantidad decente de pasar el rato intencionalmente con sus amantes, como ya lo sabes.

Y, como puedes suponer después de haber entendido los lenguajes de amor anteriores, las personas cuyo lenguaje de amor es el contacto físico necesitan caricias sobre caricias sobre caricias. Las personas que tienen el tacto como su principal lenguaje de amor necesitan contacto físico (toque) para sentirse amadas. Sin los tipos (o frecuencias) adecuados de contacto, estas personas pueden sentir que no son apreciadas. No es ideal.

Es por eso que conocer tu propio lenguaje de amor principal y el de tu pareja es esencial. Ayuda a asegurarte de que estás expresando cariño y aprecio en un idioma que tu pareja entiende, y viceversa. Sin rodeos, esto del lenguaje del amor no es poca cosa.

Aun así, seguramente te preguntas exactamente qué significa si tu lenguaje de amor es el contacto físico, y no, no significa que estés cachondo/a las 24 horas del día, los 7 días de la semana. También es importante saber cómo mostrar amor a alguien que lo recibe a través del contacto físico, ya sea que vivas cerca o lejos.

En pocas palabras, alguien cuyo lenguaje de amor es el contacto físico se siente más amado, apreciado y valorado cuando lo tocan. Pero no estamos hablando de ningún tipo antiguo de contacto, el toque es un toque intencional de profundo aprecio.

Sin embargo, a pesar de los conceptos erróneos comunes, el contacto físico no es solo sexual. El toque no necesariamente tiene que ser erótico. Las personas cuyo lenguaje de amor es el tacto pueden simplemente disfrutar de tomarse de la mano en público o sentarse en el regazo de su pareja durante una película. Para que conste: alguien puede tener una libido alta y disfrutar del sexo regular con su pareja, pero tener uno de los otros cuatro lenguajes del amor.

Hay una serie de factores que influyen en la forma en que a una persona le gusta recibir amor, incluida la forma en que el amor se expresó o no en su familia mientras crecía. Pero en lo que respecta al contacto físico, también hay un componente hormonal.

. . .

Cuando experimentamos el contacto físico, liberamos ciertas hormonas y neurotransmisores como la oxitocina, la serotonina y la dopamina. Y estas hormonas nos hacen sentir realmente bien. Como era de esperar, estos han sido denominados las hormonas del amor y los abrazos, respectivamente.

Ah, y para ser claros: la mayoría de las personas tienen más de un lenguaje de amor. En realidad, si haces algún cuestionario en línea sobre el lenguaje del amor ahora mismo, es probable que aprendas que necesitas un poco de los cinco para sentirte realmente satisfecho/a.

También es importante reconocer que la forma en que das y recibes amor puede ser diferente, por lo que la forma en que te gusta mostrarle a la gente que tu corazón los mira puede ser diferente de cómo te gusta que te muestren que alguien te mira a ti.

¿Cuáles son las señales de que el contacto físico es tu lenguaje de amor? Muy bien, es hora de un poco de autorreflexión. Si estás en una relación, pregúntate: ¿Cuándo fue la última vez que mi persona me hizo sentir cuidado/a? Si fue cuando te dieron un masaje en los pies después de una carrera larga, o cuando giraste y giraste al ritmo del jazz en tu sala de estar, o cuando te tocaron la rodilla debajo de la mesa en la casa de tus padres, lo más probable es que el contacto físico sea tu idioma del amor.

Las personas que se sienten más amadas después de gestos físicos al azar que de recibir regalos o escuchar palabras de afirmación, probablemente tengan el contacto físico como su lenguaje de amor.

También puede que pasen mucho tiempo teniendo demostraciones de afecto. ¿Todas las personas que tienen el tacto como su principal lenguaje de amor quieren besarse en los parques locales como adolescentes? No. Pero en realidad, el porcentaje de aquellos que sí, es bastante alto.

Es muy común que a las personas cuyo lenguaje de amor es el contacto físico les encante recibir y dar demostraciones públicas de afecto y se sientan raros si no tocan a su pareja en público cuando su pareja está cerca de ellos.

El contacto físico también puede ser tu lenguaje de amor si alguna vez te has descrito a ti mismo/a como "muy sensible", "un/a muy buen/a abrazador/a" o "una especie de monstruo de los abrazos" dentro de tus relaciones) románticas, también es uno de tus lenguajes de amor en tus relaciones platónicas.

Sí, el contacto físico también puede ser la forma en que te gusta recibir el amor de tus amigos. Simplemente podría verse diferente (léase: menos sexual). Por lo general, pareces querer sentarte cerca de tus amigos, querer que te abracen cuando estás triste y acariciarlos con elogios cuando se lo merecen".

No todos los amantes que disfrutan del contacto físico son iguales.

Una persona cuyo lenguaje de amor es el contacto físico puede disfrutar que le rasquen el cuero cabelludo, mientras que otra es demasiado protectora con su cabello. Del mismo modo, uno puede disfrutar el tomarse de la mano, mientras que otro encuentra todo el asunto sudoroso y molesto. Entonces, en última instancia, la forma en que muestres tu amor a través del tacto variará según cómo le guste a tu amante recibir dicho amor.

Si tu pareja ha mencionado que su lenguaje de amor es el tacto, pídele que lo explique. De esa manera, puedes estar seguro/a de brindar los tipos específicos de toque que realmente los ayudan a sentirse cuidados.

•   •   •

En general, sin embargo, se recomienda incorporar varios actos de gestos físicos como abrazos, apretones de brazos, besos en la frente y rozaduras en las piernas en tus encuentros con tu compañero/a de vida. También puede ser útil tocarlos durante las historias y las interacciones sociales para demostrar que estás sintonizado con ellos.

Finalmente, recuerda: que tu lenguaje de amor sea el contacto físico es diferente a tener una libido alta. Claro, hay cierta superposición en ese diagrama de Venn, pero llevar a tu amor a las sábanas (consensualmente, claro) no es la única forma de satisfacer el lenguaje de amor, incluso puede que ni siquiera sea tu forma preferida.

Si tu lenguaje de amor es el contacto físico, pero tu amor vive a un viaje en avión de distancia, no temas, tu relación no está condenada. Con un poco de creatividad, dinero y previsión, hay formas de simular el tacto desde lejos. ¡Uf!

Pídele a tu pareja que te preste su sudadera sin lavar para que huela a ella. Luego, usa o acurruca el artículo cuando quieras sentirte cerca de ellos. Si tú y tu pareja son de diferentes tamaños, una funda para acurrucarse, una funda de almohada o una manta pueden funcionar mejor.

· · ·

Si lo que extrañas es el peso de tu pareja, podrías considerar comprar una manta con peso o una almohada para el embarazo. Mejor: rocía esa manta o almohada pesada con el aroma característico de tu persona favorita.

Otra opción es hablar del contacto físico. En otras palabras, *sextear*. ¿Cómo saludarías a tu pareja cuando llegara a casa del trabajo si vivieran juntos? ¿Cómo tocarías a tu pareja si estuviera a tu lado? ¿Qué parte de su cuerpo extrañas más? Hacerles saber. Hablar de caricias sexuales y sensuales puede insinuar parte de la intimidad de las caricias reales.

Dependiendo de sus finanzas personales, también pueden tratarse unos a otros (o a ustedes mismos) con actos físicos de cuidado, sugiere. Piensa: una cita de masaje, manicura/pedicura, acupuntura y soplado.

Obviamente, ser tocado/a por una masajista o manicurista es diferente de ser tocado/a por un amante, en términos de grado, tipo e intención. Pero el acto de ser acariciado/a de manera orientada al servicio aún puede liberar algunas de las hormonas para sentirte bien (oye, oxitocina) que otros tipos de contacto hacen.

Claro, es posible que no puedas extender el toque directamente, pero al comprarle a tu pareja un acto físico de servicio le estás haciendo saber que comprendes lo importante que esto puede ser para ellos.

Finalmente, visita tan regularmente como puedas (o puedas pagar). A pesar de lo grandiosas que son las video-llamadas, no van a compensar la distancia de la forma en que lo harían con alguien cuyo principal lenguaje de amor son las palabras de afirmación. Si tú o tu pareja tienen el contacto físico como lenguaje principal de amor, tendrán que comprometerse a visitarse con regularidad.

6

Actos de servicio

Conocer el lenguaje de amor de tu pareja puede servir como una ventana a la forma en que dan y reciben amor.

Para las personas que aman con actos de servicio, el amor no se siente tanto con palabras e intenciones abstractas como con acciones visibles y seguimiento.

Un acto de servicio es la expresión física de un gesto reflexivo. Es uno de los cinco lenguajes del amor, que son estilos específicos de mostrar amor. En esencia, un acto de servicio se trata de alguien que hace todo lo posible para ayudar y apoyar de manera significativa a la otra persona.

.   .   .

Cuando las personas toman la iniciativa para aliviar algunas de sus responsabilidades y cargas, les ayuda a sentirse cuidadas, seguras y amadas a cambio.

Un acto de servicio se trata de tiempo y esfuerzo dedicados, generalmente de una manera no verbal.

Literalmente se muestra de manera tangible, lo que significa que las acciones hablan más que las palabras.

A continuación, se muestran ejemplos de cómo pueden verse los diferentes actos de servicio. Aplica la imaginación y tu propia comprensión de las preferencias distintivas de la persona para asegurarte de que el acto sea reconocido y apreciado.

Mientras revisas la lista, recuerda que un acto de servicio es más que hacer las tareas del hogar, cumplir con algún gran gesto de alto octanaje o cuánto uno puede acomodar todos sus deseos para complacerlos. Realmente se trata de perseguir un sentimiento mucho más sutil emocionalmente en el que sientan que pueden confiar en ti para que los respaldes, para las cosas pequeñas y grandes.

Para lograr el equilibrio correcto al dar y evitar el servicio, presta atención a sus actividades diarias y observa dónde puedes marcar las cosas de su lista de tareas pendientes.

Luego, inclúyelo en tu horario de forma natural.

Para tu pareja:

- Elige su refrigerio favorito cuando compres comestibles
- Abre la puerta para ellos
- Prepara el desayuno para servirlo en la cama antes de que se despierten
- Ayuda a quitarse los zapatos
- Llévalos al azar a su restaurante favorito después de un largo día
- Guarda su maleta cuando estén cansados después de un viaje de trabajo
- Reserva un masaje durante las vacaciones para que puedan relajarse
- Cuida a la familia y dales el día libre
- Haz su actividad de cita preferida, incluso si no es tu primera opción
- Haz la cama con sábanas limpias
- Completa un proyecto que aún no hayas tenido tiempo de hacer, como organizar los cajones o limpiar el refrigerador

- Compra preventivamente artículos de tocador o artículos para el hogar antes de que se agoten los suministros
- Cuídalos cuando estén enfermos
- Toca su música favorita en la casa
- Haz una de sus tareas, incluso cuando sea tu turno
- Dales un masaje cuando se sientan estresados
- Empaca su almuerzo si tienen un día ajetreado
- Ofrece llevar cosas pesadas para ellos
- Ayuda con un proyecto de mejoras para el hogar
- Recoge un bocadillo de placer culpable como sorpresa
- Guarda los platos sin que te lo pidan
- Haz las compras
- Ayudar a determinar la logística para unas vacaciones
- Hacer una taza de café por la mañana
- Limpiar la arena del gato
- Aprende su receta favorita para una cita sorpresa
- Asegúrate de que traigan una chaqueta si hace frío afuera para que se mantengan calientes
- Ordena su espacio personal y vuelve a poner todo exactamente donde les gusta
- Cocina una vieja receta familiar cuando sientan nostalgia
- Prepara un baño para ellos

- Espera a ver el programa en Netflix con ellos
- Anímalos a hacer algo por ellos, como ver a sus amigos o hacer una actividad que les guste pero que no hagan con frecuencia.
- Crea una lista de reproducción de ejercicios o cuidados personales para que la escuchen cuando se toman un tiempo para relajarse
- Programa una videollamada con sus seres queridos para ponerse al día
- Muestra interés en su pasatiempo asistiendo a un evento que les interese
- Haz sus mandados por ellos

Para familiares y amigos:

- Hacer su tarea menos favorita de la nada, de vez en cuando
- Guardar y compartir alguna comida que les gustaría
- Volver a ver su película favorita con ellos, incluso si la han visto cien veces
- Permitirles elegir la actividad familiar para el día
- Llenar su tanque de gasolina
- Comenzar la carga por ellos y lavar su ropa

- Guardarles hasta el último trozo de ese ingrediente en el refrigerador/despensa en lugar de usarlo todo
- Llamarlos si se sienten tristes y pregúntales cómo están
- Dales la última rebanada de postre
- Poner a punto su bicicleta
- Llevar bocadillos para un viaje largo en auto
- Tomarte el tiempo para ayudarlos con un proyecto
- Ofrecerte a darles tutoría con cualquier tarea asignada
- Cocinar una comida reconfortante cuando estén enfermos
- Conseguir algo que necesiten mientras estás fuera
- Arreglar algo que rompieron
- Ayudarlos a limpiar después de hacer la cena
- Poner un podcast en el coche que les guste escuchar
- Planchar su ropa
- Ayudarse unos a otros a mantenerse saludables y seguros
- Usar una máscara si te sientes enfermo/a
- Ayudarles a moverse
- Darles un aventón cuando lo necesiten
- Planificar actividades divertidas para las vacaciones familiares
- Lavar el auto

- Romper las cajas y guardarlas en el reciclaje
- Doblar y guardar la ropa
- Obtener sus comestibles
- Hacer pequeños proyectos de mantenimiento en la casa
- Recogerlos en el aeropuerto
- Enchufar el cargador de tu teléfono para ellos cuando esté muerto
- Cuidar mascotas para ellos
- Cuidar su casa cuando están de vacaciones
- Hacer recados juntos
- Ir con ellos a un evento al que han querido ir
- Pagar una de sus facturas que aún no ha llegado
- Tomarte el tiempo para visitarlos, especialmente si no viven cerca de ti
- Sacar la basura
- Construir sus muebles
- Conseguirles algo que necesitan

Para colegas:

- Terminar los proyectos compartidos a tiempo
- Hablar por ellos en una reunión si necesitan ayuda
- Hacerles saber cuando haya comida gratis en la oficina

- Guardarles un asiento extra en el almuerzo
- Preguntar si necesitan ayuda con un proyecto relacionado con el trabajo
- Hacer una bebida extra para ellos en la mañana
- Regalarles bocadillos
- Recoger su correo
- Desenredar sus cables en el trabajo
- Decirles cuando tienen comida en los dientes o si tienen una mancha en la camisa
- Ayudar con su carga de trabajo cuando están de vacaciones o fuera de casa
- Quedarse hasta tarde con ellos para terminar un proyecto
- Ofrecer consejos y comentarios sobre el trabajo
- Ayudarles con problemas técnicos, por ejemplo, atascos en la impresora, problemas con la computadora
- Sentarte a través de su presentación de práctica y dar notas
- Leer su correo electrónico o entregas para errores ortográficos
- Actuar como una caja de resonancia cuando están ventilando o estresados
- Regar sus plantas si se olvidan de
- Instalar el software necesario en su computadora de trabajo

- Ayudar a recopilar información e investigar un poco para su proyecto.
- Actos de servicio como lenguaje de amor

Para aquellos cuyo principal lenguaje de amor son los actos de servicio, apreciarán los pasos táctiles y palpables que estás tomando para mejorar o simplificar su vida haciéndola un poco más fácil. Cuando no tienen que preocuparse por las cosas pequeñas pero grandes que les causan estrés, les permite mostrarse completamente como pareja y corresponder el amor desde un lugar de abundancia.

Puede ser útil para las personas examinar cómo la educación, el estilo de apego y las experiencias con los primeros cuidadores pueden haber moldeado su lenguaje de amor para que puedan ver de dónde viene la otra persona.

Hablar de los lenguajes del amor es una oportunidad para ser vulnerables unos con otros, ya que nos permite ir más allá de simplemente discutir cómo queremos que se ejecuten las cosas en la relación, sino también cómo llegamos a traducir ese acto de servicio en ser amado.

· · ·

Cuando pienses en actos de servicio, piensa en cómo puedes mejorar tu calidad de vida planificando con anticipación o liberando tu tiempo para dedicarlo a otras cosas.

Muestra que ha habido consideración por sus necesidades y que estás haciendo cosas para poner una sonrisa en su rostro.

Esto puede variar desde pequeños actos como preparar un café que llevar por la mañana para ahorrar unos minutos hasta poner cables de arranque y una batería de respaldo en su automóvil. Es muy beneficioso explorar e indagar sobre lo que están buscando específicamente. Sé consciente y reconoce lo que tu pareja dice que aprecia, lo que no disfruta hacer, además de observar cómo vive su vida diaria en acción.

Presta atención a las cosas que tu pareja dice que no disfruta hacer o para las que no tiene tiempo. Pueden ser pequeños actos como hacer la cama todas las mañanas o preparar su café matutino. Esto le demostrará a tu pareja que prestas mucha atención a sus necesidades y que tienes la disposición a hacerle la vida un poco más fácil.

· · ·

Al salir con alguien cuyo lenguaje de amor son los actos de servicio, existen algunos consejos para fomentar la intimidad con este tipo de lenguaje de amor:

1. Anticípate creativamente a sus necesidades

Pon atención a las pequeñas cosas que alegrarían su día al satisfacer sus necesidades futuras, como empacarles un paraguas cuando podría llover o llevar refrigerios a un evento largo. Amplía lo que puedes hacer por ellos filtrándolo a través de lo que apreciarían. Al centrarnos demasiado en cumplir con las responsabilidades domésticas estereotipadas, corremos el riesgo de perdernos lo que realmente necesitan.

2. Sé hipervigilante y escucha sus quejas

Las personas tienden a criticar más fuerte a su cónyuge en el área donde tienen una necesidad emocional. Si ese es el caso, ¿de qué notas que se quejan más? ¿Cómo puedes llevar apoyo a esas áreas?

3. Considera lo que aportas naturalmente a la mesa

Podría ser útil que escriban una lista semanal. Mejor aún, preguntarse con qué tareas o actividades tienen dificultades, o dónde se frustran, para ver las áreas en las que pueden brindarse ayuda. Si estás especializado/a o naturalmente equipado/a con las habilidades que le faltan a tu pareja para cumplir con algunas obligaciones prácticas, ese es un gran lugar para intervenir.

4. Muestra gratitud por sus actos de servicio para ti

Expresa tu aprecio por sus actos de servicio hacia ti. Incluso si tu lenguaje de amor no son palabras de afirmación, mostrar tus acciones se nota y el aprecio es muy útil. Siempre es bueno practicar demostrando el amor a nuestra pareja de muchas maneras.

5. Cumple con tus compromisos

Dado que están hiperenfocados en los actos de servicio, quieren saber que pueden confiar en su pareja para cumplir con el compromiso. Si no sucede, pueden resentirse o decepcionarse. Si te piden ayuda con algo y estás de acuerdo, asegúrate de cumplir la promesa.

Los actos de servicio no son tan sencillos como los otros lenguajes del amor, ya que dependen en gran medida de tu experiencia subjetiva y de las prioridades que tengas en tu vida.

· · ·

La observación solo puede llegar hasta cierto punto, y dado que no pueden leer la mente de los demás, es importante que haya conversaciones sobre las expectativas cumplidas y no cumplidas y lo que ambas partes esperan. Esto puede calmar la tensión y el conflicto subyacentes más adelante.

Esta no es una conversación de una sola vez, sino una conversación en constante evolución en la que los socios pueden comunicarse entre sí semanal, quincenal o mensualmente para ponerse en contacto sobre cómo se satisfacen sus necesidades entre sí y si están satisfechos.

La comunicación frecuente es esencial para que las parejas no practiquen la teoría de los lenguajes del amor de manera robótica para ganarse el afecto, sino que la utilicen para lo que pretende ser: un punto de partida para desarrollar una curiosidad más profunda el uno con el otro.

Al prestar atención al lenguaje de amor del otro y brindarle a tu pareja muchos actos de servicio, estas obligaciones mundanas y las tareas domésticas molestas pueden transformarse en una poderosa demostración de amor.

7

Recibir regalos

De los cinco lenguajes del amor identificados por el consejero matrimonial Gary Chapman, quizás el más incomprendido es el lenguaje del amor de dar regalos.

Existe la suposición tácita de que una persona que prefiere recibir muestras de afecto en forma de regalos debe ser materialista o superficial, pero en realidad, ese no es siempre el caso.

Una persona que tiene los regalos como su lenguaje de amor se siente más amada cuando su pareja le da cosas tangibles. Recordemos que un lenguaje del amor es simplemente la forma preferida de una persona de recibir afecto en una relación. Los regalos son uno de los cinco lenguajes del amor, junto con las palabras de afirmación, el tiempo de calidad, el contacto físico y los actos de servicio que ya revisamos.

Para las personas que tienen los regalos como lenguaje de amor, el acto de dar un regalo sirve como un gesto de afecto y cuidado porque demuestra que la persona estaba pensando en ti mientras no estabas y quería encontrar la manera de hacerte sonreír.

El regalo también se convierte en un símbolo físico que conmemora un momento, una experiencia o un sentimiento. En otras palabras, se trata menos de lo específico que se está dando y más de lo que simboliza esa cosa.

El regalo en sí es agradable, pero lo que realmente cuenta es la idea detrás de él. El regalo se convierte en un objeto que te ayuda a recordar qué estaban pensando en ti, que te llena de amor y llena al objeto de significado.

Algunas señales de que tu lenguaje de amor son regalos podrían ser que, por ejemplo, para ti las palabras son bonitas, pero una representación física del amor que puedes tener en tus manos se siente mucho más real y significativa.

. . .

Además, el proceso de darse regalos dulces y románticos es una de tus "pequeñas cosas" favoritas de estar en una relación. Atesoras todo lo que te da una pareja, ya sea la cosa más cara de tu lista de deseos o una sola flor que arrancaron al costado del camino.

Significa mucho para ti cuando alguien pone mucho tiempo o esfuerzo en un regalo para ti, te encantan las sorpresas, te hacen sentir apreciado/a y te sientes realmente amado/a cuando alguien te trae un recuerdo de un viaje que hizo sin ti.

Eres el tipo de persona que realmente se preocupa por los cumpleaños, aniversarios y otras festividades en las que se entregan regalos y, sinceramente, te sentirías un poco dolido/a si tu pareja no hiciera todo lo posible para conseguirte algo realmente especial.

Para ocasiones especiales, los regalos bien pensados son realmente importantes para ti: quieres regalos que tengan mucho significado, personalización y sentimiento detrás de ellos. Puedes notar la diferencia entre un obsequio genérico de última hora y uno en el que alguien realmente se pensó, y esa diferencia es muy importante para usted.

. . .

También te encantan los obsequios "porque sí", es decir, cuando alguien te trae un pequeño obsequio sin otra razón que no sea que estaba pensando en ti. Cuando tu pareja recuerda algo que mencionaste que querías hace mucho tiempo y te lo consigue, te sientes increíblemente visto/a y amado/a.

Pequeños gestos de cuidado y generosidad, como cuando compran café en el camino para encontrarse contigo y te traen uno sin siquiera preguntar, se sienten tan dulces y significativos para ti. O cuando tu cita paga por ti, ya sea la entrada al cine, la cuenta de la cena o el viaje en automóvil a casa, lo tomas como una señal de que realmente debes gustarle.

No esperas que tu pareja pague por todo, pero cuando lo hace, te hace sentir más cerca de ellos, como si dijeran, eres mi persona y te tengo. De hecho, cuando tu pareja no paga por ti, a veces te hace sentir que no eres importante para ella.

Cuando tu pareja te da una de sus prendas más usadas, vives en ella, no solo porque huele a él o ella, sino porque era algo suyo que claramente amaba y decidió dártelo de todos modos. Los besos y las caricias son divertidos, pero para ti no son tan románticos como un regalo significativo.

Te molestaría más si tu pareja no te regala nada por tu cumpleaños que si no está disponible para pasar el rato con tanta frecuencia. Eres el tipo de persona que nunca tira los regalos, ¡son demasiado significativos para ti!

Dentro de este tipo de lenguaje existen conceptos erróneos, por ejemplo, que los regalos tienen que ser caros.

El lenguaje del amor de los obsequios no se trata en realidad de dinero en absoluto, se trata del sentimentalismo detrás del proceso de entrega de obsequios.

Las personas cuyo lenguaje de amor es recibir regalos disfrutan que les regalen algo que sea tanto físico como significativo. La clave es darles cosas significativas que les importen: el precio no importa tanto como el nivel de consideración, cuidado y esfuerzo detrás del regalo.

Las personas con este lenguaje del amor aprecian las pequeñas muestras de afecto, como cuando su pareja les lleva un café de camino a encontrarse, tanto como los regalos más caros. A algunas personas con este lenguaje de amor también les puede encantar que las mimen y tener una pareja que esté dispuesta a derrochar en ellas, pero nuevamente se trata más de la sensación de ser adorado que del dinero real.

También se piensa que las personas a las que les gustan son materialistas. Algunas personas asumen que alguien que tiene los regalos como lenguaje de amor debe ser materialista, superficial o más preocupado por las cosas que por el amor. Pero eso no es necesariamente cierto.

Para la gente de regalos, los regalos representan amor.

El gesto de recibir un regalo demuestra que te ven, te cuidan y te aprecian. Realmente disfrutas de la consideración detrás del gesto y atesoras los artículos nostálgicos.

Si bien algunas personas con gusto por los objetos pueden ser materialistas, no es inherente al lenguaje del amor: alguien con contacto físico o cualquier otro lenguaje del amor también puede ser materialista. Por otro lado, es posible que alguien con el lenguaje del amor de dar regalos realmente no se preocupe mucho por las cosas físicas, pero los regalos de sus seres queridos pueden ser las pocas cosas físicas que realmente aprecian.

. . .

Otra idea es que la gente que aprecia los regalos nunca podría salir con alguien que está "en quiebra". Una vez más, el punto no es que una persona con este lenguaje de amor necesariamente quiera un montón de regalos caros, por lo que la riqueza de alguien no necesariamente importará.

Los obsequios pequeños pueden ser tan dulces como los obsequios más grandes, y es posible que los obsequios más significativos ni siquiera tengan un precio alto, como un álbum de recortes que alguien claramente pasó semanas llenando de recuerdos y notas de amor personalizadas.

De hecho, para una persona que regala, el gesto de comprar un obsequio costoso o pagar una buena cena en realidad puede ser más significativo cuando proviene de alguien sin muchos medios económicos, porque el hecho de que esté dispuesto a derrochar en ti es aún más simbólico de cuánto les importa, a diferencia de una persona más rica que gasta regularmente mucho dinero en todo de todos modos.

Si estás saliendo con alguien cuyo lenguaje de amor son los regalos, recuerda: esta es una de las cosas principales que le muestra a tu pareja que te preocupas por ella. Cosas como los besos, pasar mucho tiempo juntos o las palabras dulces no tienen tanta importancia para esta persona; para sentirse realmente amada, querrá saber que estás pensando en ella incluso cuando no están juntos y ver símbolos tangibles de su relación. Y los regalos son la forma perfecta de hacerlo.

Se recomienda priorizar tanto las ocasiones especiales (ponlas en el calendario y establece recordatorios con unas semanas de anticipación para que puedas planificar un gran regalo) como los regalos más espontáneos de vez en cuando.

Podría ser tan simple como recoger una flor del jardín a mano o conseguirles un lindo llavero de un destino de viaje favorito. Esos pequeños gestos pueden celebrar la relación a lo grande. Recuerda: el punto no es la etiqueta de precio. El punto es transmitir cariño, una sensación de conocerlos bien y el hecho de que estás pensando en ellos a través de lo que les das.

Si los regalos son tu lenguaje de amor, habla con tu pareja sobre por qué te encantan los regalos y qué tipos de regalos son significativos para ti. Recuerda que nadie es un lector de mentes, y es posible que no se den cuenta de cuánto valoras esta forma de amor hasta que la compartas con ellos. Del mismo modo, ¡no esperes que ellos simplemente sepan mágicamente qué tipo de cosas te gustan!

También puede ser útil tener una conversación sobre el dinero y el papel que juega o no en los gestos que aprecias.

El dinero es a menudo una fuente de conflicto en las relaciones y es ampliamente conocido por contribuir al divorcio, por lo que es importante estar en sintonía con la pareja sobre la forma en que ambos piensan sobre el dinero, especialmente si tienen el lenguaje del amor de dar regalos.

A pesar de los conceptos erróneos, tener el lenguaje del amor que da regalos no es materialista ni superficial. De hecho, las personas que ven en los regalos una de las principales formas de transmitir afecto, pueden incluso tender a ser más sentimentales, apegadas a la nostalgia y atentas a cuánto piensa su pareja en ellas. La generosidad es importante para una relación saludable, y tiene menos que ver con el valor monetario que con el deseo de brindarle a alguien que amas cuidado, consideración y alegría.

8

Identifica el lenguaje del amor de tu pareja

Conoce el lenguaje de amor de tu pareja para entender cómo responder a sus necesidades emocionales. Usamos el lenguaje del amor para dar y recibir amor a través de una combinación de palabras de afirmación, tiempo de calidad, obsequios, actos de servicio y contacto físico.

Tú y tu pareja no necesitan compartir el mismo lenguaje de amor para tener una relación amorosa, pero ambos necesitan saber qué es lo que hace que el otro se sienta amado.

Todos comunicamos el amor de manera diferente, y así mismo, todos tenemos preferencias en la forma en que recibimos el amor.

· · ·

Conocer el lenguaje de amor de tu pareja te permitirá estar totalmente en sintonía con sus necesidades emocionales y viceversa. Al comienzo de una relación, somos muy buenos para comunicar nuestro aprecio a nuestra pareja, pero a medida que pasa el tiempo, dejamos de demostrar nuestro cariño porque damos por sentado que es un hecho conocido. La realidad es que necesitamos sentirnos constantemente apreciados y validados por nuestros compañeros de vida.

Tendemos a creer que nuestros seres queridos deberían tratarnos de la misma manera que nosotros los tratamos, pero no siempre es así. Nuestras propias formas de dar amor pueden ser conductas aprendidas, mientras que las formas en que queremos recibir amor están más relacionadas con cómo nos sentimos con nosotros mismos, pero esto último puede no ser notado fácilmente por nuestra pareja.

Las personas con diferentes lenguajes de amor aún pueden comunicarse. ¿Pueden dos personas que hablan lenguajes de amor diferentes ser felices juntas? Definitivamente. Así como las personas que hablan chino e inglés pueden tener una conversación muy productiva, también pueden hacerlo dos personas con diferentes lenguajes de amor. Todo lo que necesitamos es conciencia y ganas de comunicar.

. . .

Por ejemplo, si el lenguaje de amor de una pareja es 'actos de servicio', entonces las cosas como comprar comestibles para liberar su tiempo para hacer otras cosas serán bien recibidas.

Pero si la otra persona piensa que estas son solo tareas normales que uno debe hacer en pareja, esto no hará que el receptor se sienta amado.

Podemos aprender a comprender mejor el lenguaje de amor de nuestra pareja. Entonces, si el lenguaje de amor de una persona es el contacto físico, eso significa que se sienten cómodos con las demostraciones públicas de afecto, incluso frente a grupos grandes. También significa que se sentirán angustiados si no hay contacto físico. En un sentido más sensual, significa que les encantan los masajes, los abrazos, los besos, etc.

Pero si no eres una persona quisquillosa, las "palabras de afirmación" son un lenguaje de amor popular, así que colma a tu pareja de más cumplidos. Otras formas de utilizar "palabras de afirmación" incluyen aliento, notas de amor o una lista de reproducción de canciones perso-nalizada.

. . .

También puedes hablar en la cama para expresar placer durante los momentos íntimos para que tu pareja sepa lo bien que te hace sentir. Si a tu pareja le encanta comprar cosas para los demás, es muy probable que su lenguaje de amor sean los regalos.

Cuando las parejas se reencuentran después de una larga separación, es una oportunidad para reiniciar la relación con un enfoque completamente diferente. Pueden crear una nueva base haciendo acuerdos explícitos sobre cuáles son sus estándares y necesidades, y comunicando lo que cada socio necesita para sentirse amado.

Una comprensión básica del lenguaje de amor primario y secundario de una pareja puede dar a las parejas una dirección muy clara para las solicitudes específicas que pueden hacerle a su pareja, especialmente cuando ya tienen buenos ejemplos de cómo es posible que no se hayan sentido particularmente apreciados la primera vez.

Por más cliché que suene, todos tenemos diferentes experiencias de vida y, por lo tanto, expectativas, por lo que aprender a comunicarse abiertamente es clave para una relación fuerte, saludable y amorosa.

· · ·

Existen maneras simples de mostrar amor, como tomarse de la mano con la mayor frecuencia posible, o darse abrazos antes de irse y al regresar a casa. Si tu pareja está triste, mantenla cerca para aumentar su nivel de oxitocina y ofrece masajes de forma regular.

También puedes jugar con su cabello, acurrucarte en la cama antes de dormirse y tocar a tu pareja en el brazo o toma su mano mientras habla. Bailar juntos es también una gran actividad que comunica amor.

Si has estado esperando por siempre escuchar esas palabras mágicas, "te amo", pero en lugar de eso tu pareja sigue diciendo cosas como, "¿adivina qué? Cambié tus bujías", no te preocupes. Es claro que esa persona te ama, simplemente está hablando un "lenguaje del amor" diferente.

Un lenguaje de amor es exactamente lo que parece: la forma en que te comunicas para demostrar que amas a alguien. Para algunas personas eso es decir a quemarropa "te amo". Pero otras personas tropiezan con la palabra "amor" y muestran sus sentimientos en lugar de decirlos.

Necesitas conocer tu propio lenguaje de amor, así como el de tu pareja, para poder comunicarte de manera efectiva.

Cuando hablas en su lenguaje de amor, realmente pueden 'escucharte' y sentir que importan.

Si tu forma de expresar amor es susurrándole cosas dulces al oído, o si tiendes a hacer cumplidos, entonces tu lenguaje es "palabras de afirmación". Los otros lenguajes del amor tienen que ver con mostrar en lugar de decirle a alguien cómo te sientes. Ayudar a reparar su automóvil u hornear un pastel se traduce como "actos de servicio". Los que abrazan y besan hablan el lenguaje del "contacto físico". Si tiendes a dar regalos especiales porque sí, hablas el lenguaje del amor de "recibir regalos". Finalmente, están los hablantes del idioma del amor del "tiempo de calidad": solo quieren pasar el rato.

Una vez que comprendas cuál es tu idioma y lo compares con el idioma de tu pareja, puedes comenzar a comprender los patrones en los desacuerdos que tienen. De repente, "¡No sacaste la basura!" se convierte en "¡No me amas!" a los actos de servicio del hablante. Y "odias mi nuevo corte de pelo" significa "necesito que me digas que crees que soy bonita" para el amante que necesita palabras de afirmación.

Cambia la percepción de por qué la persona no te está mostrando el amor 'correcto' para sentir curiosidad sobre cómo aprender a comunicar mejor tus necesidades. Cuando surge un conflicto, es hora de hacer la pregunta:

'¿Cómo te sientes más amado?' y prepararte para escuchar.

¿Alguna vez te has preguntado qué podrías hacer todos los días para mantener vivo el amor y la pasión en tu relación?

No es necesario que compres regalos o les frotes los pies todas las mañanas (aunque probablemente también les gustaría eso).

Por el contrario, debes prestar atención a las palabras que salen de tu boca. La forma en que le hablas a tu pareja los acercará o creará distancia y discordia en su relación. A menudo subestimamos el poder que tienen las palabras en el matrimonio.

Es asombroso lo que un simple cumplido puede hacer para aligerar el estado de ánimo y hacer crecer el amor. Una vez que nos casamos, a menudo asumimos que nuestro cónyuge sabe cuánto los amamos, pero es importante crear el hábito diario de expresarles nuestra gratitud y afecto.

. . .

Pero, ¿qué tipo de cosas son las más importantes para decirle a tu pareja todos los días, aunado a atender su propio lenguaje del amor?

Te amo

Como era de esperar, muchos de los expertos en relaciones sugirieron decir "Te amo" a tu pareja todos los días. Para mantener viva la chispa y el romance en un matrimonio, es necesario que el otro se sienta como una pareja romántica todos los días. Hacer que tu pareja se sienta amada, valorada, respetada y adorada es muy importante.

Averigua cómo quiere recibir amor tu pareja y asegúrate de dárselo de esa manera. Cuando hablas en su lenguaje de amor, realmente pueden 'escucharte' y sentir que son importantes, lo que facilita el entendimiento de tus sentimientos.

Si quieres que tu pareja se sienta especialmente amada, ve más allá de solo decir las palabras "Te amo".

Uno de los puntos de inflexión en una relación existe cuando se aprende a aprovechar el poder de decir palabras de aliento el uno al otro.

. . .

Puedes aplicar la "bendición de 60 segundos", y así es como funciona: comienza hablando 60 segundos de aliento, aprecio y amor a tu cónyuge. Una vez que hayas terminado, tu cónyuge pasará los siguientes 60 segundos compartiendo lo que ama de ti.

He aquí por qué te amo

Lleva el "te amo" un poco más allá y dile a tu pareja por qué la amas. Eso les demostrará que no solo estás diciendo "te amo", sino que has pensado mucho en por qué es tan importante para ti. Decir 'te amo' es importante, sin embargo, puede convertirse en un saludo sin sentido con el tiempo.

Empuja tu bote y dale a tu pareja una razón por la que los amas todos los días. Esto recuerda los motivos por los que los amamos tanto y deja que tu pareja sepa que los ves, los aprecias. Pero no le digas a tu pareja las mismas razones todos los días, mézclalo un poco.

Puedes incluso crear una lista de razones por las que amas a tu pareja y luego elegir algunas de la lista cada día. Lleva un diario de lo que tu pareja hace todos los días que te haga recordar por qué la amas tanto. Una vez que tengas una lista saludable con la que trabajar, comienza a vocalizarla.

Gracias

Cuando han estado en una relación por un tiempo, ambos naturalmente asumen ciertas tareas. Él lava los platos mientras ella prepara a los niños para ir a la cama. Él saca la basura y ella barre los pisos. Es demasiado fácil dar por sentado a tu pareja y que haga lo mismo contigo. Por eso es tan importante decir "gracias" todos los días.

Es importante apreciar algo que tu pareja ha hecho todos los días con comportamientos específicos y su respuesta emocional. Por ejemplo, 'es tan bueno que hayas terminado los platos. Me sentí muy apreciado/a.' "Tus voces tontas son tan agradables al final del día. Muy divertidas".

Si quieres asegurarte de que tu pareja siga haciendo las cosas que le gustan, como prepararle la cena o ayudarlo a organizar el garaje, "gracias" puede ser muy útil.

. . .

La alta especificidad de elogiar un comportamiento que acaba de ocurrir puede ayudar a apreciar claramente lo que la pareja realmente está haciendo... ¡y fomentar el comportamiento en el futuro!

Cada pareja debe encontrar una cosa por la que esté agradecido cada día de su pareja y compartirla con ellos. Ya sea gratitud por trabajar duro, limpiar la casa, o cuidar a los niños, felicitar a su ser querido conduce a una mayor positividad en la relación.

Eres fabuloso/a

Lo que los expertos suelen recomendar que las parejas se digan a diario es cualquier cosa que se centre en ver a su pareja de la forma en que su pareja quiere que la vean... a su manera o su mejor. Si bien la autoestima viene de adentro, no está de más que tu pareja te diga lo bueno/a que eres de vez en cuando.

No es tu trabajo ser su única fuente de autoestima. Sin embargo, podemos agregar y restar valor a la imagen y autoestima de las personas. Las relaciones se tratan de contribuir; las personas que se sienten mejor consigo mismas individualmente se convierten en una mejor pareja.

Puedes sentirte orgulloso/a de tu amado/a por su ascenso en el trabajo, por su habilidad para hacer reír a tu mamá o incluso por sus increíbles habilidades con los videojuegos. Pero no lo sabrá a menos que se lo digas. Así que asegúrate de compartir lo increíble que crees que es.

¿Cómo puedo ayudarte?

Cuando, dentro de la dinámica de una relación amorosa, una de las partes se ofrece a ayudar, fortalece la relación porque la otra parte sabe que recibe apoyo. Incluso si estás cansado/a después de un largo día, tómate el tiempo para ver cómo puedes apoyar a tu pareja.

Consulta con tu pareja a diario. Si realmente quieres ganar puntos de bonificación con tu pareja, pregúntale cómo puedes ayudarla todos los días y luego asegúrate de cumplir tu promesa. Ayudar a tu cónyuge con las responsabilidades diarias o incluso ser una persona segura para desahogarse genera seguridad y confianza en la relación de pareja.

· · ·

En un mundo en el que te sientes estirado/a al máximo, es genial sentir el apoyo de tu pareja. Esas cinco palabras ('¿Qué puedo hacer para ayudarte?') muestran valores de empatía y colaboración en la relación y pueden eliminar cualquier resentimiento que se esté acumulando.

¿Cómo estás?

¿Alguna vez te has metido en una pelea con tu pareja que parece surgir de la nada? Puede llegar a suceder muchas veces: tu pareja y tú están paseando a su perro, hablando sobre la cena y, de repente, se encuentran peleando. Esto suele suceder porque no nos hemos tomado el tiempo de escucharnos unos a otros y descubrir qué sucede debajo de la superficie.

Pero cuando nos detenemos y prestamos atención, actuamos con compasión y preguntamos: "¿Qué te pasa? ¿Cómo estás?" se abre un canal de comunicación y conexión entre los involucrados. En lugar de pelear, profundizan la relación.

Cuando estamos dispuestos a escuchar las voces y los corazones de los miembros de nuestra familia, podemos lidiar con los problemas que de otro modo nos separarían. No escuchar es generar resentimiento, pero cuidado, la escucha honesta trae sanación.

Cuando te tomas el tiempo para escuchar a tu pareja, puedes estar ahí para él o ella cuando más te necesita.

Es sumamente importante mantenerse unidos cuando las cosas se ponen difíciles: las parejas son más fuertes juntas que separadas, y debido a que ninguna vida está libre de problemas, cuando atravesamos momentos difíciles juntos, pueden apoyarse y ayudarse mutuamente para seguir adelante cuando las cosas se ponen difíciles. ¡La vida es mucho más dulce cuando sabes que tu cónyuge te respalda!

Sé intencional con tus palabras

El poder de las palabras funciona en ambos sentidos. Y puede ser demasiado fácil encontrar fallas en tu pareja en lugar de notar los aspectos positivos. Por eso es tan importante ser intencional acerca de cómo se hablan entre sí.

Las relaciones prósperas se construyen sobre la base de ser intencional. No tienes una gran relación a largo plazo accidentalmente, tienes que ser intencional todos los días con las palabras que dices. De lo contrario, terminas casado/a y miserable o divorciado/a y desesperado/a.

También se sugiere que digas de tres a cinco afirmaciones positivas por cada negativa. Una persona necesita respirar profundamente si está enojada o molesta antes de abrir la boca. Su relación está en peligro mucho antes de alcanzar el 50/50 de interacciones positivas a negativas.

Mientras que las palabras de amor te acercarán a tu pareja, las críticas tienen el efecto contrario. La crítica es un arma mortal, por lo que lo opuesto a esta energía es nutrir la energía positiva. Ten cuidado con las críticas y las palabras duras; nunca menosprecies a tu pareja, incluso cuando estés enojado/a.

Cómo recordar decir cosas cariñosas a tu pareja

Sé lo difícil que puede ser recordar activamente decir cosas cariñosas a tu pareja todos los días, así que una recomendación es platicar con tu pareja por la noche: puedes convertirlo en un ritual nocturno para decir estas cosas lindas en la cena todas las noches o antes de acostarse. Tómense un tiempo del día para hacer de la conexión emocional un hábito.

Establezcan un momento del día, tal vez al final de la noche, para conectarse y comunicarse realmente. Esto mantendrá vivo el romance a largo plazo. Otra opción es usar sus teléfonos para recordar decirse (o enviarse mensajes de texto) cosas amorosas durante el día.

Dado que todos vivimos vidas tan ocupadas, pueden configurar recordatorios en su teléfono durante todo el día para enviarse mensajes de texto con estas palabras positivas.

Y si no es un mensaje de texto, es un cumplido en persona.

Y aquí va otra gran idea: alinear esta nueva costumbre con otros hábitos diarios que ya tienen. ¿Se cepillan los dientes juntos todas las noches? ¡Digan sus cumplidos entonces!

¿Tienen una cita semanal para cenar, solo ustedes dos?

. . .

Empiecen con eso.

Tus palabras tienen un poder tremendo, especialmente cuando se trata de cómo le hablas a tu pareja. Pueden crear una brecha entre ustedes o pueden forjar un vínculo inquebrantable. Cuando eres consciente de cómo le hablas a tu pareja, puedes actuar todos los días para fortalecer tu relación.

Cuando te vuelves consciente de las formas positivas en las que puedes involucrar a tu pareja todos los días, no solo estás aportando lo mejor de ti mismo a la relación, sino que estás sacando lo mejor de tu pareja. Las palabras cariñosas te ayudarán a acercarte a tu pareja y te ayudarán a ser la mejor pareja posible.

"Amor" puede ser una de esas palabras que se usa con frecuencia y de varias maneras. Amo a mi mascota, amo la pizza, amo a mi abuela, amo esa camisa que compré en liquidación. Algunas personas temen que un uso liberal de la palabra amor pueda quitarle su significado cuando se aplica a las relaciones interpersonales.

Otros creen que debes decirle a alguien que lo amas tan a menudo como lo sientas. La idea de "amor" puede tener mucho peso en las relaciones románticas y, a veces, las personas sienten ansiedad por expresar sentimientos de amor a sus parejas íntimas.

Es fácil suponer que todos tenemos la misma definición de amor, o que nuestra pareja sabe lo que queremos decir cuando decimos "te amo". Diferentes personas pueden tener diferentes ideas sobre lo que significa el amor romántico y cómo se expresa o se debe expresar. Entonces, ¿qué significa estar enamorados y cómo podemos asegurarnos de que estamos en la misma sintonía con nuestra pareja, incluso después de haber llegado a la etapa en la que decir "te amo" se siente como una segunda naturaleza?

Un marco para ayudar a las parejas a abordar algunas de estas preguntas y fortalecer su capacidad de comunicarse es, precisamente, los 5 lenguajes del amor: el secreto del amor duradero.

Y como lo hemos hablado, mientras que el libro de Chapman se centra en las relaciones de parejas casadas heterosexuales, la idea de los lenguajes del amor se puede aplicar a cualquier relación íntima.

· · ·

En su libro, Chapman afirma que rara vez las parejas íntimas tienen el mismo lenguaje primario de amor emocional. Tendemos a hablar nuestro lenguaje principal de amor y nos confundimos cuando nuestra pareja no entiende lo que le estamos comunicando. Estamos expresando amor, pero el mensaje no llega porque estamos hablando lo que, para ellos, es un idioma extranjero.

Chapman argumenta que hablar el lenguaje de amor principal de su pareja puede ayudar a aumentar la satisfacción de la relación, fomentar un entorno en el que sea más fácil resolver conflictos y ayudar a las parejas a sacar lo mejor de cada uno.

Cada lenguaje del amor existe en un espectro, y es posible aprender a "hablar" los cinco lenguajes del amor. Es probable que su lenguaje principal de amor esté conectado con la forma en que se expresó el amor en su familia de origen.

Ser capaz de expresarle a tu pareja cómo prefieres que te muestre amor puede aumentar tu capacidad de sentirte amado/a y apreciado/a en tu relación. Además, saber más sobre los cinco lenguajes del amor puede ayudarte a notar las formas en que tu pareja muestra su amor por ti, incluso si no habla tu lenguaje principal del amor.

. . .

Al utilizar el marco de los lenguajes del amor, es importante mantener límites saludables entre tú y tu pareja. No está bien usar la idea de los lenguajes del amor como un intento de controlar el comportamiento de tu pareja. Cada lenguaje de amor se puede expresar de diversas maneras.

Si tu principal lenguaje de amor es el contacto físico, por ejemplo, eso no significa necesariamente que siempre y solo querrás que el amor se exprese a través del sexo. El consentimiento es una parte importante de una relación saludable y decirle a tu pareja: "Si me amaras, lo harías…" nunca es aceptable.

El contacto físico puede significar tomarse de la mano, saludar o despedirse con un abrazo, sentarse uno al lado del otro cuando ven televisión o sentarse uno al lado del otro cuando comen en un restaurante. Parte de aprender a hablar el lenguaje del amor de tu pareja es comunicarse sobre formas de expresar el amor que se sienta bien para ambos.

Si tu pareja exige que te involucres en comportamientos con los que te sientes incómodo/a para "probar" tu amor por ella, o si te hace sentir culpable por la forma en que intentas demostrarle tu amor, eso podría ser una bandera roja de abuso emocional.

El marco de los lenguajes del amor puede ser útil precisamente porque te brinda una forma de reflexionar sobre tus deseos y necesidades, y luego hablar con tu pareja sobre estos temas de una manera saludable.

Por ejemplo, si te sientes molesto/a cuando tu pareja no te envía un mensaje de texto de buenas noches, eso podría ser una señal de que tu principal lenguaje de amor son las palabras de afirmación; o, si tienes dificultades en las relaciones a larga distancia, eso podría indicar que tu principal lenguaje de amor es el tiempo de calidad o el contacto físico, y la parte de la relación a distancia está dando como resultado que tus deseos y necesidades de relación no se satisfagan.

Otra forma de descubrir tu lenguaje principal de amor es hacer una lista de las veces que te has sentido amado/a y apreciado/a por tu pareja y observar cualquier patrón que surja. Solo hablar de lo que falta puede hacer que tu pareja sienta que sus intentos de amor no son vistos ni apreciados, y eso puede ser frustrante.

· · ·

Puede ser que simplemente tengan un lenguaje de amor diferente al tuyo, y estén expresando amor de la manera en que les gusta ser amados. Mientras tú y tu pareja hablan sobre esto, asegúrense de decirse lo que valoran sobre las formas en que se han expresado amor y qué comportamientos les gustaría ver con más frecuencia.

Una de las realizaciones más importantes que puede surgir al aprender sobre los cinco lenguajes del amor es la capacidad de ver más completamente todas las formas en que tu pareja te muestra su amor y luego tener la oportunidad de compartir qué expresiones de amor son más significativas para ti.

Las personas pueden tener dos lenguajes de amor principales: uno para mostrar amor a los demás y otro para cómo preferimos recibir amor. Cuando los esfuerzos que estás haciendo para expresar tu amor no parecen ser correspondidos por tu pareja, eso puede resultar en una confusión que te lleve a cuestionar si tu pareja corresponde a esos sentimientos de amor.

A veces, puede ser que tú y tu pareja realmente sean incompatibles y que los sentimientos de amor que tienes por tu pareja no sean suficientes para mantener la relación.

• • •

Otras veces, simplemente hay una falta de comunicación saludable, y ser abierto/a sobre tus deseos y necesidades puede mejorar su capacidad para sentirse satisfechos en su relación.

Aprender más sobre los lenguajes de amor del otro podría ser una forma de determinar si pueden hacer cambios positivos que los ayuden a ambos a seguir beneficiándose de la relación. Una relación saludable es capaz de ser flexible y adaptarse a medida que las personas en ella crecen y cambian.

Como con cualquier relación sana, ¡la comunicación es clave! Hablar sobre los lenguajes del amor y los cambios de prioridad no debe ser una conversación de una sola vez, sino más bien una discusión continua en la que cada persona se sienta cómoda hablando con su pareja.

La idea de los lenguajes del amor es una forma posible de abordar los conflictos o la distancia emocional en una relación, pero como cualquier herramienta de comunicación, solo funciona en una relación sana. Los lenguajes de amor pueden y deben ser algo que los ayude a acercarse y aprender a entenderse más, no algo que los deje sintiéndose agotados o drenados.

· · ·

Si descubres que, sin importar lo que digas o hagas, tu pareja no está satisfecha, o crítica o desdeña tus intentos de mostrar amor en la relación, esas podrían ser señales de alerta de que tu relación es abusiva.

Aprender el lenguaje de amor de tu pareja no debería ser una tarea pesada, y si te sientes mal o te parece demasiado difícil, eso podría ser una señal de que hay algunos problemas subyacentes en tu relación que deben abordarse.

9

Otros contextos

Las amistades y la familia es también otro tipo de amor. A diferencia de las películas, nuestros amigos y familia no son solo personajes secundarios que nos ayudan a encontrar y enamorarnos de esa persona especial. Nuestros seres queridos, los realmente buenos, de todos modos, nos ayudan a encontrarnos a nosotros mismos.

También nos ayudan a encontrar muy buena iluminación, excelente música, el atuendo perfecto, las palabras correctas para ese texto atrevido, consolación cuando todo sale mal y todas esas son formas de amor en realidad. Entonces, ahora que has aprendido sobre los cinco lenguajes del amor, las palabras de afirmación, actos de servicio, recibir regalos, tiempo de calidad y contacto físico—no solo pienses en ellos en el contexto de relaciones románticas, también piensa en ellos en un contexto diferente.

Pensar en los lenguajes del amor se puede volver un pilar muy importante para todas tus relaciones. Por ejemplo, en el contexto de las amistades, especialmente a medida que envejecemos y has pasado por transiciones y mudanzas y básicamente experimentas grandes eventos de la vida, las relaciones se rompen porque no estamos hablando de ciertas necesidades.

La comunicación, y no puedo enfatizar esto lo suficiente, es clave. Si no estás satisfaciendo las necesidades de tus amigos o no estás seguro/a de cuáles son sus necesidades, es vital hablar de ello para lograr resolver.

No tienes que hablar el mismo lenguaje de amor que tus amigos, solo tienes que hacer espacio para que cada uno de ustedes sea escuchado y comprendido. Evitar estas conversaciones puede acabar provocando tensión en tus amistades.

Al igual que en una relación romántica, es útil comprender y saber qué hace que nuestros amigos se sientan felices y amados. Entonces, cuando honramos el lenguaje de amor de nuestro amigo, lo hacemos sentir querido y viceversa… se trata de asegurarnos de que entendemos nuestras necesidades, así como las necesidades de nuestros amigos, para poder honrarlos y profundizar la amistad.

Para fomentar lazos familiares más fuertes, es la misma lógica. Es bueno que las familias, así como los amigos, descubran sus lenguajes de amor si aún no los conocen. Esto se puede hacer a través de una prueba simple que está disponible en línea.

A menudo, implica un poco de prueba y error, pero tampoco hay nada de malo en preguntar a tus seres queridos cuál es su lenguaje de amor preferido. Ten discusiones abiertas sobre esto y sean sinceros al tratar de entenderse unos a otros.

Las familias deben prestar mucha atención a cómo sus seres queridos generalmente reaccionan a los gestos de amor. Esto les ayuda a descubrir qué prefieren los miembros de su familia para que puedan responder en consecuencia. Gravitamos naturalmente hacia la persona que nos muestra amor de acuerdo con nuestro lenguaje de amor preferido porque sentimos que nos entienden.

· · ·

Para las familias separadas por cualquier motivo, conectar con ellos a través de su lenguaje de amor puede ser una forma efectiva de acortar la distancia. Por ejemplo, si un miembro de la familia que está en el extranjero valora el tiempo de calidad, brindarle toda la atención en forma de llamada telefónica o videollamada puede hacer que se sienta amado y apreciado, y lo mismo funciona con las amistades.

Si bien algunos lenguajes de amor se prefieren más que otros, no están escritos en piedra y pueden cambiar con el tiempo. A medida que los hijos, por ejemplo, pasan de ser niños a adolescentes, es posible que el contacto físico ya no sea algo que disfruten. El papel como padres es notar los cambios y adaptarse a las crecientes necesidades de los hijos para que logren fortalecer el vínculo con ellos.

Además, la mejor manera de expresar amor a tus seres queridos es hablar su lenguaje de amor sin que tengan que preguntar o solicitarlo. Es mucho más dulce cuando viene de sorpresa. Y así, comprender las diferentes formas en que nuestros amigos y familia expresan el amor puede ayudarnos a saber a qué personas acudir en diferentes momentos de la vida.

. . .

Es común querer a ese amigo o familiar "único para todo", pero eso podría no fomentar una relación saludable. Por el contrario, es saludable tener algunas personas diferentes a las que acudir solo porque existen personas con diferentes personalidades y pueden ofrecer diferentes puntos de vista y cualidades en situaciones diversas.

Tenemos diferentes amigos para diferentes cosas, y eso está bien.

Podemos darnos cuenta y debería de ser mayor problema, de que tenemos amigos que son realmente buenos para acudir si estamos tristes, amigos realmente buenos para acudir si necesitamos que nos animen, y así "es muy divertido pasar un buen rato con este", "este uno es muy profundo, tenemos conversaciones profundas…"

En caso de enfrentar un problema, puedes comenzar con, 'realmente me importa esta amistad. Me preocupo por ti y quiero compartir algunos sentimientos al respecto'. Cuando dices eso, ayuda al amigo a comprender que esta será una conversación seria, pero no vas a gritarles o atacarlos o hacerlos sentir mal.

. . .

Y, como mencionábamos, en la amistad los lenguajes del amor también pueden cambiar, al igual que nuestras vidas, con el tiempo. Revisa tus amistades de vez en cuando y pregunta cómo va la amistad. Puedes hablar de ello preguntando: '¿Cómo podemos asegurarnos de que estamos satisfaciendo nuestras necesidades y cómo se ve eso?'

A veces esperamos que las amistades y las relaciones familiares sean las relaciones fáciles en nuestras vidas, pero requieren trabajo y esfuerzo tanto como las relaciones románticas. Cuando nos tomamos el tiempo para tener algunas de esas conversaciones incómodas, la recompensa puede ser muy gratificante. Si puedes resolver los conflictos, es increíble lo profunda que se vuelve la relación.

Y así, hablemos de las palabras de afirmación. Algunas personas se dedican a decir "te amo" a sus seres queridos, mientras que otras pueden usar esas pequeñas palabras con un poco más de moderación. Pero no te estreses; no tienes que ser del tipo ultra sensiblero para honrar este lenguaje de amor.

Un simple mensaje de texto "estoy pensando en ti" puede ser muy útil. Tener esa línea de conexión abierta es útil, y seguramente cuando tú recibes ese tipo de mensajes de texto, siempre llega una sonrisa a tu cara.

. . .

Aquí hay algunas otras cosas que puedes decir (en la vida real o por mensaje de texto) para honrar este lenguaje de amor:

- "Hola, solo checando cómo estás"
- "Espero que tengas un buen día"
- "Oye, solo quería decirte que estoy agradecido/a por ti"
- "Estoy tan orgulloso/a de ti"
- "Estás haciendo un gran trabajo"

Algunos amigos o familia solo necesitan un pequeño recordatorio de "sí, pienso en ti" de vez en cuando. Si no hablas este lenguaje del amor, estos controles pueden parecer triviales.

Pero cuando los seres queridos con este lenguaje de amor se sienten estresados o tienen problemas de salud mental, las palabras afirmativas y la validación de un mejor amigo en el que confían pueden hacer mucho para contrarrestar algunos de esos pensamientos negativos o abrumadores.

En cuanto a los actos de servicio, las acciones hablan más que las palabras para las personas con este lenguaje de amor. Aunque esto se verá diferente en cada amistad y relación, los actos de servicio como momentos en los que los amigos "aparecen para ti".

Por lo tanto, es posible que a este amigo o familiar no le importe tanto si dices "te apoyo" y, en cambio, puede tener más peso si te presentas a una producción en la que están o los llevas al aeropuerto cuando necesitan que los lleven. La gente puede decir muchas cosas, pero los actos de servicio se reflejan cuando cumplimos y hacemos estas cosas.

Cuando tu ser querido está pasando por un momento particularmente difícil o estresante, los actos de servicio también pueden ser una excelente manera de ayudarlo a quitarse el peso de encima. Eso podría significar traer un bote de helado después de una ruptura difícil o ayudarlos con una de sus tareas cuando su agenda está muy ocupada.

Si no estás seguro/a de lo que quiere o necesita exactamente tu amigo o familiar, solo pregunta. Suena demasiado sencillo para ser verdad, pero a veces se trata solo de estar allí y decir: "¿Qué puedo hacer?"

· · ·

Aunque hay un lenguaje de amor que gira en torno a recibir regalos, no se trata de materialismo. Todavía es el pensamiento lo que cuenta aquí también. Es como uno de esos textos de "estoy pensando en ti", pero en cambio, es uno de esos regalos de "vi esto y pensé en ti". Dar un regalo considerado es una forma de demostrar no solo que te preocupas por alguien, sino que también lo conoces y lo comprendes.

No tienes que ser un/a maestro/a en dar regalos para honrar este lenguaje de amor, solo se trata de prestar atención y "saber mucho sobre tus amigos o familiares y saber qué cosas (sencillas o no) les gustaría recibir".

Y en cuanto al tiempo de calidad, ya sea que tú y tu amigo/familiar salgan a comer, den un paseo o tomen un café, este lenguaje de amor tiene más que ver con la "conexión" que con la actividad en sí. Así que no importa exactamente lo que hagas, solo que estés presente en el momento.

Se trata de estar allí, como estar realmente allí con el teléfono guardado.

. . .

Pero, por supuesto, hay excepciones (como cuando el tiempo de calidad en tu amistad consiste en compartir memes en sus teléfonos o mirar videos).

Si solo salen en grupos grandes o cancelan o posponen planes con frecuencia, es posible que tu amigo no sienta el amor que le brindas. Para este amigo, las palabras afirmativas o los obsequios considerados no pueden cancelar su necesidad de pasar tiempo de calidad contigo. Para mostrarle a este amigo que tiene un lugar en tu corazón, dale un espacio en tu calendario.

Y, final y sorprendentemente, el afecto físico como lenguaje de amor platónico no es tan diferente de una relación romántica como podrías pensar. Hay muchas formas de contacto no románticas que pueden demostrar que te importa, que estás ahí y que estás escuchando. Esto puede ser algo tan pequeño como un toque en el brazo o puede ser un abrazo completo.

Por lo general, es bastante fácil identificar a quién le gusta y a quién no le gusta expresar amor a través del tacto. Tal vez tienes un amigo que te pide que juegues con su cabello o alguien que es muy cariñoso cuando se siente triste o feliz; probablemente hablen este lenguaje de amor.

Las personas a las que no les gusta tocar… te lo dirán bastante rápido.

Incluso en el contexto de la amistad o la familia, el consentimiento importa cuando se trata de tocar. Siempre debes preguntar antes de dar un abrazo o entrar al espacio personal de alguien. Lo que dirás, o te deberían decir es, 'me gusta mucho abrazar, ¿está bien si te abrazo?'. Por otro lado, no deberías tener que comprometer tu comodidad para brindar afecto físico a otra persona. Todo vuelve a la regla de oro: hablar de ello.

10

Lenguajes de amor modernos

PIENSA en un momento en que alguien te hizo sentir realmente amado/a. ¿Qué hicieron? ¿Fue un cumplido increíblemente personalizado? ¿Un oído comprensivo cuando estabas pasando por una mala racha? ¿O tal vez solo una taza de café perfectamente caliente en la cama?

Gracias al trabajo del consejero matrimonial Dr. Gary Chapman, autor de los 5 lenguajes del amor, la mayoría de nosotros entendemos que cada uno de estos actos de devoción es una expresión de nuestro lenguaje de amor único, el nombre de Chapman para las formas únicas en que expresamos amor a cada una de las personas que amamos — y la forma en que buscamos ser amados.

. . .

El trabajo de Chapman cambió la forma en que pensamos sobre las relaciones y se ha convertido en parte del lenguaje del que dependen las parejas y los consejeros para hablar sobre la dinámica de las relaciones. Pero la teoría es también producto de una época muy distinta, y de una muestra muy limitada y homogénea.

¿Se vería igual el concepto de los lenguajes del amor si se desarrollara hoy? ¿Qué pasa si incluye parejas no religiosas o no casadas, o parejas de países fuera de los EE.UU.? Existe una investigación bajo la que se encuestó a más de 500.000 personas, de todas las edades y de todo el mundo, para ver qué les hacía sentir más queridos.

Los resultados mostraron que, si bien algunas ideas sobre la expresión del amor se han mantenido igual, otras han cambiado significativamente en las cuatro décadas posteriores al desarrollo de la teoría original de Chapman.

La investigación actualizada en una muestra más diversa podría arrojar resultados que fueran más aplicables y útiles para las parejas modernas. En esta investigación, se vio claramente que lo que más valoran las personas es una pareja que las escuche, valore sus opiniones y sentimientos y les brinde empatía y respeto.

· · ·

Lo que los investigadores indican es que estos factores no se abordaron adecuadamente en los 5 lenguajes del amor originales, posiblemente porque nuestras expectativas de las relaciones simplemente han cambiado con el tiempo.

La investigación mostró que, en las relaciones modernas, había un nuevo énfasis en conexiones intelectuales y emocionales más profundas entre muchos. Por ejemplo, al trabajar con mucha gente en el continuo LGBTIQIA+, a menudo los psicólogos y terapeutas tienen que ajustar su lenguaje y el contexto de los lenguajes del amor para adaptarse a las diversas identidades y necesidades de la pareja.

Una actualización de los lenguajes del amor es muy importante y oportuna, ya que puede ayudar a las parejas a encontrar un marco más inclusivo para la conexión y el apoyo, cosas que todos necesitan desesperadamente en estos tiempos.

El Dr. Chapman observó que a menudo había una desconexión entre lo que hacían los cónyuges para mostrar amor y cómo sus parejas recibían esas acciones. Lo que una persona pensó que era una muestra de amor podría fracasar totalmente para un cónyuge que "hablaba" un lenguaje de amor diferente. Identificó cinco lenguajes de amor, que explicó en profundidad para ayudar a las parejas a comprender mejor las necesidades del otro.

Cada lenguaje del amor implica una expresión muy diferente de amor y devoción, y surgen problemas cuando la mitad de una pareja expresa el amor de una manera que cae de plano para su pareja.

Una persona que prefiere el contacto físico puede ofrecer un abrazo a su pareja en apuros, mientras que su compañero centrado en los actos de servicio solo quiere que lave los platos.

Si bien puede ser tentador interpretar los lenguajes del amor como un problema de compatibilidad, rara vez las parejas hablan el mismo lenguaje del amor, incluso las parejas felices. La clave para trabajar con éxito con las diferencias en los lenguajes del amor es aprender a entender y hablar el de tu pareja.

El marco del lenguaje del amor ha sido útil para que las parejas desarrollen sus habilidades de escucha y los ayude a volver a los aspectos más importantes de su amor y vida juntos. Es emocionante tener otra herramienta que refleje mejor las necesidades y los estilos de las parejas modernas y diversas, y que se pueda usar para ayudarlas a profundizar y hacer crecer su relación.

Es importante señalar que investigaciones previas sobre los lenguajes del amor muestran que la teoría no es una panacea. Al igual que con todas las cosas en las relaciones, la clave es dedicar tiempo y esfuerzo: una encuesta de investigación de 2020 mostró que las personas que informaron que sus parejas usaban bien su lenguaje de amor tenían sentimientos más fuertes de amor y satisfacción en la relación que otras.

El panorama moderno del amor es complejo, y lo que las personas necesitan de sus parejas para sentirse felices y seguras ha evolucionado a medida que evolucionan nuestras sociedades. A medida que se flexibilizan las normas de género, se abren oportunidades profesionales para las mujeres y el hogar con dos ingresos se ha convertido en la norma, las expectativas que tenemos para nuestras relaciones románticas se han vuelto muy diferentes.

El matrimonio ha evolucionado, desde una asociación principalmente práctica basada en una división eficiente del trabajo, hasta una conexión espiritual y personal que esperamos nos ayude a lograr lo mejor de nosotros mismos.

· · ·

Para las parejas heterosexuales, en particular, la división del trabajo entre géneros ya no está claramente circunscrita, lo que lleva a una expansión de lo que esperamos de nuestras parejas. Es de destacar en el libro de Chapman la forma en que constantemente enmarca a un hombre que hace las tareas del hogar como si estuviera "ayudando" a su esposa, sin mencionar las múltiples anécdotas de los esposos que lograron llevar a casa un cheque de pago y están desconcertados cuando sus esposas les piden que hagan cualquier cosa más allá.

Si bien estas actitudes no han quedado totalmente atrás, en una era en la que la mitad de las mujeres ganan tanto o más que sus parejas masculinas, la mayoría de las parejas esperan aportar más de sí mismas a una sociedad.

Dentro del marco de la investigación previamente discutida, se actualizaron los cinco lenguajes de amor originales de Chapman y se incorporaron dos formas de expresar el amor que son completamente nuevas, basadas en lo que las parejas modernas informan que necesitan en sus relaciones.

El primer nuevo estilo de amor es "emocional", que refleja la necesidad de que la pareja la trate con empatía y compasión. Las personas que usan este estilo de amor dicen que quieren una pareja que "me apoye cuando estoy deprimida" o que "estuviera ahí para mí cuando pasé por algo difícil".

El segundo lenguaje de estilo amoroso, es "intelectual", refleja un encuentro de mentes. Las personas que valoran este estilo quieren compartir opiniones e ideas con su pareja y que se aprecie su intelecto. Quieren escucharse atentamente unos a otros y dar y recibir consejos, aportes y comentarios útiles.

Actualizar los lenguajes del amor del 5 al 7 brinda una visión más completa de las necesidades de la pareja moderna, de acuerdo a diversos terapeutas e investigadores.

Por ejemplo, lo emocional como un lenguaje de amor adicional es muy importante, ya que ha habido un cambio general en la promoción de que todos los géneros se expresen de maneras que no podrían haber sido aceptables en generaciones anteriores.

Además de descubrir dos estilos de amor completamente nuevos, la nueva prueba con 7 lenguajes del amor también aclara aspectos de las ideas originales de Chapman. Por ejemplo, aunque la validez del lenguaje de amor "Recibir regalos" de Chapman fue confirmada por las investigaciones, su descripción en el modelo original es demasiado estrecha.

De hecho, las personas que disfrutaban recibir regalos también apreciaban otros tipos de apoyo financiero, y tener un socio que sea un buen proveedor financiero y generoso con el dinero por regla general. Sin embargo, como ya hemos visto, el estilo de amor financiero refleja esta comprensión más amplia.

Así, la idea es que una nueva evaluación actualice y amplíe el concepto de estilos de amor para poner énfasis en lo que realmente importa en las relaciones modernas. Se propone entonces medir las preferencias con respecto a siete estilos recién identificados:

1. Actividad

Las personas que se enfocan en el estilo de amor "actividad" se sienten especiales y valoradas cuando su pareja se interesa en sus pasatiempos y actividades y se esfuerza por disfrutar juntos de pasatiempos e intereses.

2. Apreciación

Las personas que se enfocan en el estilo de amor "apreciación" se sienten amadas cuando su pareja les da cumplidos, elogios y agradecimientos. Aprecian escuchar explícitamente lo que a su pareja le gusta y admira de ellos.

3. Emocional

Aquellos que se enfocan en el estilo de amor "emocional" se sienten amados cuando su pareja se conecta con ellos y los apoya a través de emociones difíciles y aterradoras. Estar presente en los altibajos es muy importante para aquellos con el estilo de amor emocional.

4. Financiero

Las personas con el estilo de amor "financiero" se sienten amadas cuando su pareja es generosa con los recursos y ve valor en gastar dinero para brindarle placer y alegría. Este estilo de amor puede expresarse a través de regalos o simplemente haciendo un espacio en el presupuesto familiar para el disfrute de su pareja.

5. Intelectual

A las personas con el estilo de amor "intelectual" les gusta conectarse a través de la mente. Se sienten queridos cuando su pareja valora su inteligencia, respeta su opinión y habla con detenimiento sobre temas importantes.

6. Físico

Las personas con el estilo de amor físico se sienten amadas cuando reciben afecto físico: abrazos, ser tomados de la mano y acurrucados. Quieren que sus parejas demuestren que se sienten atraídos por ellos e inicien el contacto amoroso.

7. Práctico

Las personas con el estilo de amor práctico se sienten amadas cuando sus parejas contribuyen con los deberes y responsabilidades cotidianos. Se sienten cuidados cuando sus seres queridos hacen tareas y ofrecen ayuda.

¿Te suena familiar? La idea de los lenguajes del amor se ha convertido en una piedra de toque de la cultura pop, inspirando preguntas sobre aplicaciones de citas, muchos videos de *TikTok* y escenas de películas y televisión. Pero poca investigación ha explorado el papel que los lenguajes del amor realmente juegan en las relaciones.

Ahora, un nuevo estudio sugiere que la satisfacción de la relación de las parejas heterosexuales está, de hecho, relacionada con si su pareja usa su lenguaje de amor preferido. Se muestra la importancia de una buena comunicación, comprender las necesidades de tu pareja y ser capaz de proporcionar las cosas que quiere para afirmar la relación.

La gente no siempre entiende a sus parejas tan bien como cree. No puedes simplemente asumir que tu pareja quiere lo que tú quieres. Fue por eso que se estudiaron a 100 parejas heterosexuales que habían estado juntas entre 6 meses y 24 años.

Los participantes, que tenían entre 17 y 58 años, completaron cuestionarios en los que se les pidió que calificaran hasta qué punto expresan amor al participar en ciertos comportamientos. También señalaron cuándo se sentían más queridos: cuando su pareja les daba un abrazo, por ejemplo, les hacía mandados o pasaban tiempo de calidad con ellos. La relación de los participantes y la satisfacción sexual se midieron a través de auto-informes utilizando escalas estandarizadas.

Los resultados indican que las personas cuyas parejas usaron su lenguaje de amor preferido tenían niveles más altos de relación y satisfacción sexual que aquellas cuyas parejas no lo hicieron.

. . .

Las personas que dijeron que usaban los lenguajes de amor que sus parejas preferían recibir también reportaron una mayor satisfacción en la relación.

Cuanto más adaptado/a esté tu lenguaje de amor a las necesidades de tu pareja, mayor será su satisfacción y la tuya propia. Tu satisfacción aumenta no solo si tu pareja responde adecuadamente a tu preferencia de lenguaje de amor, sino también cuando tú haces lo mismo por ella.

En general, el lenguaje de amor declarado con mayor frecuencia por los participantes del estudio fue el tiempo de calidad, seguido del contacto físico, los actos de servicio, las palabras de afirmación y la recepción de regalos.

Dado que es posible tener más de un lenguaje de amor preferido, los investigadores también analizaron las preferencias y expresiones como un conjunto de dimensiones. Los humanos no son tan simples. Cada uno de nosotros puede preferir recibir amor en más de una forma, o puede igualmente desear ser amado usando tres lenguajes de amor.

. . .

Curiosamente, las personas que informaron los niveles más altos de afecto por sus parejas en el estudio no tenían necesariamente más probabilidades de compartir las mismas preferencias de lenguaje de amor que las personas en asociaciones menos cercanas. Es común que las personas en una relación tengan necesidades marcadamente diferentes.

A pesar de la popularidad de los cinco lenguajes del amor de Chapman, el concepto sigue siendo relativamente poco explorado por los investigadores. La mayoría de los estudios se han centrado en validar el marco, confirmando que existen lenguajes de amor, como lo han hecho estudios anteriores, en lugar de explorar la dinámica a la que conducen dentro de una relación.

Chapman no es un científico, y a pesar de la extrema popularidad de sus libros, el concepto de los lenguajes del amor a menudo se percibía como no científico, lo que podría haber contribuido a la vacilación de tomar el fenómeno en serio.

Aun así, los terapeutas han utilizado el marco del lenguaje del amor durante años. Ha ayudado a las personas simplemente porque es muy fácil de entender, además de que pueden predecir la satisfacción de la relación, y al adaptar sus comportamientos para satisfacer las necesidades de su pareja, las personas pueden experimentar un desarrollo personal más profundo.

Imagina que estás escuchando la radio del auto, pero luego pasas por debajo de un paso elevado y la señal se corta por un momento. Con un desajuste en el lenguaje del amor, esencialmente, lo que sucede es que la otra persona está tratando de transmitir una sensación de aprecio, pero si está usando su propio lenguaje del amor, no necesariamente será recibido por la otra persona. La señal simplemente no llega.

Entonces, si estás entrando en una nueva relación, o esperas mejorar una existente, pregúntale a tu pareja sobre su lenguaje de amor y comparte el tuyo. Puedes planificar un día especial en el que te concentres en celebrar las preferencias de lenguaje de amor de tu pareja, y luego otro en el que responda a las tuyas. Identifica lo que funcionó y cómo se sintieron tú y tu pareja ese día. De acuerdo a la experiencia de diversas personas alrededor del mundo, realmente funciona.

11

No hay lenguajes incompatibles

¿Das y recibes amor de forma diferente a tu pareja? Puede ser un desafío estar en una relación con alguien cuyo lenguaje del amor es completamente diferente al tuyo. ¿Qué pasa si te encantan los abrazos y besos, pero tu pareja tiene dificultades para mostrar afecto físico en absoluto?

Por otro lado, es posible que tu pareja quiera escuchar regularmente cuánto significa para ti, mientras que tú te sientes incómodo/a expresando tus emociones. Entonces, ¿qué hacer cuando tú y tu pareja tienen diferentes lenguajes del amor?

¿Es eso un factor decisivo o tu amor puede soportar este desafío? Aprender el lenguaje del amor de alguien significa comprender la forma en que expresa y recibe amor. El corazón quiere lo que quiere.

Entonces, ¿qué pasa si te enamoras de alguien que habla un lenguaje del amor diferente al tuyo? ¿No manejar el mismo lenguaje para demostrar el cariño significa que su relación está condenada al fracaso?

La respuesta es: para nada. Entonces, si te preguntas qué hacer cuando tú y tu pareja tienen diferentes lenguajes del amor, aquí hay 10 cosas que te ayudarán a sobrellevar y crear la relación de tus sueños.

1. Descubre tus lenguajes del amor

Quizás te estés preguntando cómo averiguar el lenguaje del amor de alguien. Tú y tu pareja pueden hablar entre sí y hacer preguntas para comprender lo que necesitan para sentirse amados. Al mismo tiempo, también debes expresar lo que anhelas en la relación.

Si bien eso suena romántico, existe el riesgo de que terminen sin entenderse. Por eso es una buena idea hacer el cuestionario en el sitio de Chapman para averiguar cuál es tu lenguaje del amor y asegurarte de que tanto tú como tu pareja respondan cada pregunta con la mayor honestidad posible.

2. Obtén más información sobre los lenguajes del amor
   ¡Y seguramente por eso llegaste a este libro!

Pero entonces, ahora que conoces los cinco lenguajes del amor y descubriste tanto tu lenguaje como el de tu pareja, ¿eso te convierte en un experto en los lenguajes del amor para parejas? ¡Desafortunadamente no!

Incluso después de conocer el lenguaje del amor de tu pareja, si no estás seguro/a de qué debes hacer exactamente para un lenguaje del amor específico, todos tus esfuerzos pueden ser en vano. Entonces, veamos qué puedes hacer en función de los diferentes lenguajes de tu pareja.

Por ejemplo, si su lenguaje son las palabras de afirmación, puedes decirle a tu pareja cuánto la amas, escribirle una carta o enviarle un mensaje de texto largo si no te sientes cómodo/a hablando de tus sentimientos. Trata de apreciarlos cuando hacen algo bueno por ti y asegúrate de felicitarlos con frecuencia.

· · ·

Si se trata del tiempo de calidad y tu pareja quiere pasar más tiempo juntos, intenta reservar algo de tiempo para ellos. Por favor, bríndales toda tu atención. Simplemente sentarte con tu pareja mientras te desplazas por tu teléfono no es lo que necesitan, así que, por favor, presta atención a ellos y escucha activamente lo que dicen.

En el caso de los actos de servicio, averigua en qué necesita ayuda tu pareja e intenta hacer algo para hacerle la vida un poco más fácil. Puede prepararles el desayuno, lavar los platos o lavar la ropa. Esforzarte les demuestra cuánto los amas.

Si el lenguaje del amor de tu pareja es el recibir regalos, trata de darles pequeños obsequios de vez en cuando, especialmente regalos en su cumpleaños o aniversario. No tiene que ser caro. Es el pensamiento lo que les importa.

Para algunas personas, el contacto físico, como tomarse de la mano, recibir un beso o un abrazo, es necesario para sentirse amados. Si tu pareja es una de ellas, tócale intencionalmente con frecuencia. Toma sus manos en público, dales un beso antes de salir de casa y abrázalos después de un largo día.

· · ·

3. Expresa claramente tus necesidades

Tu pareja no puede leer tu mente sin importar cuánto te amé. Por lo tanto, no pueden satisfacer tus necesidades a menos que las indiques específicamente. Es por eso que necesitas comunicarte abiertamente con ellos y explicarles lo que necesitas para sentirte amado/a.

Si pasan todo su tiempo libre en casa, pero apenas hacen algo juntos, es posible que no se satisfaga tu necesidad de pasar el tiempo de manera significativa.

Pero como están contigo todo el tiempo, es posible que no entiendan por qué sigues quejándote acerca de no tener suficiente tiempo de calidad.

Explícales que estar cerca no es suficiente y por qué necesitan apagar el televisor o dejar el teléfono para que puedas sentirte escuchado/a y amado/a. Enséñales tu lenguaje del amor regularmente. Si no pueden recordarlo incluso después de escucharlo por enésima vez, no te rindas. Mientras sigan esforzándose por aprender su idioma, es posible que ustedes dos puedan resolver las cosas sin problemas.

4. Acepta el lenguaje de amor de tu pareja

¿Puede cambiar tu lenguaje del amor? Bueno, aunque es posible hablar con fluidez el lenguaje de tu pareja después de estar juntos durante mucho tiempo, no es un hecho. Es por eso que tratar de cambiar el idioma y necesidades de una pareja nunca es una buena idea.

Acepta que es posible que necesiten mucho contacto físico o regalos para sentirse amados. En lugar de tratar de cambiarlos, es posible que debas aprender a sentirte cómodo/a con eso. Tu pareja también deberá aceptar tu lenguaje del amor, ya que las relaciones son una calle de doble sentido.

5. Pídeles que traduzcan

Comprender tu lenguaje del amor y el de tu pareja es crucial para dar y recibir amor de la manera que ambos necesitan. Es posible que no entiendas su necesidad desde el principio, y eso está bien. Siempre puedes pedirle a tu pareja que te lo traduzca.

Si no puedes comprender su obsesión por pasar tiempo juntos, pregúntale por qué es tan importante para él o ella y trata de ver la belleza de ello.

6. Habla su idioma, no el tuyo

No juzgues a tu pareja por tener un lenguaje del amor diferente al tuyo. Además, siempre recuerda hablar su idioma para que se sienta valorado/a, no el tuyo. Es posible que te sientas amado/a cuando tu pareja te reconozca y te aprecie por hacer algo por ella.

Si ese es el caso, las palabras de afirmación son tu lenguaje del amor. ¿Y si no es de ellos? En todo caso, los cumplidos pueden hacer que se estremezcan. Probablemente prefieran que te sientes allí y veas una película con ellos, solo ustedes dos. Por lo tanto, recuerda hablar su idioma en lugar del tuyo para que tu pareja se sienta vista, escuchada y apreciada.

7. Comprométete

Una relación sólida necesita dos personas dispuestas a comprometerse y tratar de encontrar a la otra persona a mitad de camino. Dar y recibir es una parte normal de cualquier relación. Tal vez necesites mucho las palabras de afirmación.

Si se esfuerzan por mostrar su empeño y dejar el corazón en tus manos, debes tener la disposición a hacer lo mismo por ellos (incluso si te hace sentir incómodo/a). No puede ser unilateral, por supuesto, si el contacto físico es tu lenguaje del amor: tu pareja debe estar dispuesta a tomarte de la mano, abrazarte o besarte con frecuencia, incluso si no son personas expresivas.

8. Ten disposición a hacer frente al cambio

Si bien preferirías hablar tu propio lenguaje del amor siempre y probar el de ellos de vez en cuando, elige hablar constantemente el idioma de tu pareja hasta que lo domines. Este lenguaje puede cambiar con el tiempo a medida que continuamos creciendo y evolucionando como personas.

Lo que necesitamos al comienzo de una relación puede no ser lo que necesitamos después de estar juntos durante mucho tiempo. Es por eso que necesitas mantener abiertas las líneas de comunicación en tu relación mientras sigues eligiendo hablar el idioma de tu pareja.

9. Usa la retroalimentación para mejorar

Dicen que cometer errores es la mejor manera de aprender un idioma. Dado que estás tratando de hablar el lenguaje del amor de tu pareja que podría no coincidir con tu personalidad o antecedentes, es natural que cometas errores y, a veces, te sientas estancado/a.

· · ·

Por lo tanto, mantén tus expectativas bajo control. No esperes que tú o tu pareja hablen el idioma del otro de inmediato. Pregúntales cómo te está yendo, qué debes cambiar y pídeles la ayuda que necesitas. Aprecia los esfuerzos de los demás y utiliza la retroalimentación para mejorar tu desempeño.

10. Sigue practicando

La práctica hace la perfección. Una vez que aprendan el lenguaje del otro y comiencen a pensar que están hablando el idioma del amor de cada uno con fluidez, es posible que aún no reciban lo que necesitan para sentirse amados.

Por eso es importante seguir practicando el lenguaje del amor del otro todos los días. El truco es no dejar que esto se sienta como una tarea, sino divertirse en el camino y darse la libertad de experimentar en compañía del otro.

Hablar diferentes lenguajes del amor no es necesariamente un obstáculo en la relación, siempre y cuando estén listos para comunicarse y aprender el lenguaje de la otra persona abiertamente. Con la práctica regular, se puede utilizar para fortalecer su relación. Por lo tanto, no te des por vencido/a con tu pareja y sigue tratando de dominar el lenguaje del amor del otro.

Conclusión

PUEDE HABERTE PARECIDO que comunicar el amor era un proceso sumamente complicado… hasta ahora. Entendiendo los lenguajes de amor, sabes qué hacer para identificar aquel preferido por tus seres amados, cómo puedes comenzar a incorporarlo en tus acciones diarias y cómo puedes comunicar el tuyo.

Todos merecemos un amor que se adapte a nuestras necesidades, no por obligación, sino porque nos ama lo suficiente como para priorizar que nos sintamos amados. Y ese tipo de amor merece ser recíproco. Y ahora, ¡sabes cómo amar de esa manera!

Así que no tengas miedo y comienza. Identifica tu lenguaje (o lenguajes) del amor principal, comunica tus necesidades, pon atención a los detalles que los demás tienen contigo e impulsa a esas personas a las que amas a descubrir sus propios lenguajes del amor.

Este proceso puede facilitar muchas otras áreas de la vida, así que vale la pena intentarlo. Entiendes bien a qué se refiere cada lenguaje, sabes cómo abordar cada uno y, sabiendo eso, ¡puedes lograr mejorar tus relaciones!

Verás que aplicar los lenguajes del amor a tu vida diaria tendrá efectos sumamente positivos en cada una de tus relaciones (porque como lo sabes, no es necesario que sean románticas para aplicar los lenguajes del amor).

Entrega ese amor que tanto mereces y verás que lo recibirás de vuelta, considerando todos los pilares que ya discutimos previamente. Estás listo/a para mejorar tus relaciones e incluso la relación contigo mismo/a. ¡Inténtalo!

Referencias

FETTERS. 2019. "It isn't about your love language; it's about your partner's" in The *Atlantic*. Recuperado de https://www.theatlantic.com/family/archive/2019/10/how-the-five-love-languages-gets-misinterpreted/600283/

Gonsalves, K. 2021. "What it really means to have gifts as your love language" en https://www.mindbodygreen.com/articles/gifts-love-language

Gordon, S. 2022. "How to use words of affirmation in your relationship" en https://www.verywellmind.com/words-of-affirmation-4783539

Gordon, S. 2022. "What are the five love languages?" en *Very Well Mind*. Recuperado de https://www.verywellmind.com/can-the-five-love-languages-help-your-relationship-4783538

Harisdani, A. 2022. "The sixth love language does not exist" in The *New York Times*. Recuperado de https://

www.nytimes.com/2022/08/27/well/family/love-langua ges-author.html

Haup, A. 2022. "Love Languages Actually Do Improve Your Relationship" en *TIME*. Recuperado de https://time.com/6189958/love-languages-improve-relationship/

Kassel, G. 2022. "What it means if physical touch is your love language, according to experts" en https://www.womenshealthmag.com/relationships/a40077657/physical-touch-love-language/

Malone, M. 2022. "New Research shows there are actually seven love styles, not five" en *Truity*. Recuperado de https://www.truity.com/blog/new-research-shows-there-are-actually-seven-love-styles-not-five

Mark, J. 2022. "How to figure out your partner's love language" en https://www.thelist.com/220859/how-to-figure-out-your-partners-love-language/

N/A. 2019. "Here's how understanding the 5 love languages strengthened my friendship" en https://hello giggles.com/friendship-love-languages/

N/D. "How do love languages affect family relations-hips?" en https://familiesforlife.sg/discover-an-article/pages/askffl-how-do-love-languages-affect-family-relationships.aspx

Nguyen, J. 2022. "What acts of service means as a love language" en https://www.mindbodygreen.com/arti cles/acts-of-service-love-language

Pace, R. 2022. "10 things to do when a couple has

different love languages" en https://www.marriage.com/
advice/love/different-love-languages/

Tam, L. 2022. "Know your partner's love language to
understand how to respond to their emotional needs" en
https://www.scmp.com/lifestyle/family-relationships/arti
cle/3171000/know-your-partners-love-language-unders
tand-how

Varina, R. 2021. "Quality time love language: what it
means and examples of how to show it" en https://www.
cosmopolitan.com/sex-love/a38415247/quality-time-
love-language/

www.ingramcontent.com/pod-product-compliance
Lightning Source LLC
Chambersburg PA
CBHW061514050726
47593CB00002B/565